Das Licht ersehnt
Marco Krüger

Eine Krankheit, ein Leben

Namentlich erwähnte Personen haben vorab unterschrieben, dass ich ihre Namen verwenden darf, somit besteht kein rechtlicher Anspruch im Streitfall. Private Daten sind nicht an Dritte weiterzugeben und bestätigen zur Benutzung die Bestätigung durch den Autor. Dieses Buch besitzt eine eigene ISBN Nummer und ist somit bei vielen Händlern und dem Autor zu erlangen.
Kontaktinformationen zum Autor:
Marco Krüger
Kösener Straße 94
06618 Naumburg
krueger4@gmx.de

Der Autor wird sich bei Kontaktaufnahme zügig bei Ihnen melden und Ihr Anliegen bearbeiten. Weitere Informationen auf www.marco-krueger-lyrik.de.tl

Copyright 2017
Herstellung und Verlag BoD-Books on Demand
Norderstedt
ISBN: 9783743161368

Ich bin Marco Krüger, geboren am 25.01.1996 in dem schönen, kleinen Ort Schmölln in Thüringen. Ich absolviere im Moment eine Ausbildung zum Industriekaufmann, nachdem ich meine Fachhochschulreife in Jena erlangt habe. In meiner Freizeit beschäftige ich mich viel mit Psychologie, schreibe Gedichte und spiele Fußball.

Dieses Buch ist mein erstes Projekt dieser Art. Ich möchte Leuten, denen es ähnlich ergeht, wie es bei mir der Fall war helfen, aber gleichzeitig auch meiner Seele etwas gutes tun und abschließen mit dem was war. In den nächsten 256 Seiten werden Sie erfahren, wie es sich anfühlt, die Krankheit Depression in sich zu tragen.

Vorab sage ich schon einmal Danke an Vincent Kunath, der mir bei der Gestaltung des Covers, meiner Homepage und bei der Bearbeitung des Textes zur Seite stand.

Der Abgrund ist nah

Vorwort:

Liebe Leser, Liebe Freunde, Liebe Seele, ich bin Marco Krüger, Autor des Buches, Gedankenbringer aller Facetten dieses Buches und vor allem auch eine euch wahrscheinlich unbekannte Person. Worum es in diesem Buch geht und auch was diese grausam, aber treffende Überschrift geht, kann man wohl kaum in Worte fassen. Ja ja, werdet Ihr jetzt denken, „Sag schon!", wird in euren Köpfen erklingen. Als Stichwort für mein Thema in diesem Manuskript kann ich einzig und allein das Wort Depression in den Vordergrund gleiten lassen. Die gefährliche, aber sogleich auch noch wenig anerkannte Nervenkrankheit hat auch mich geholt, mich gequält und beinahe auch mich umgebracht. Was denken Leute, wenn sie so einen Satz vor die Augen gelegt bekommen? Spott, Fassungslosigkeit oder vielleicht doch ein Funken Angst in den Augen? Ich kann es euch nicht sagen, ich kann Ihnen, liebe Leser nur mitteilen, welchen Sinn und welche Hoffnung ich damit verbinde, dieses Buch zu schreiben. In meinem Zeitradar, welches mitten im Buch ersichtlich werden wird, sieht man, welch grausame Dinge jemanden widerfahren muss, um nur eines zu sehen, den Abgrund. In diesem Moment werden Sie vielleicht merken, warum ein junger Mensch, 19 Jahre alt, so eine „bedeutungslose" Überschrift gewählt hatte.

In meiner Schrift verewige, aber auch überwinde ich Schmerzhafte Geschichten, welche mich Nächtelang heimgesucht hatten. Durch Fallbeispiele, Erfahrungen, sowie Wege, welchen meiner bisherigen Überwindung der Depression zeigen, erläutere ich Ihnen, welche Gedankenströme, welche körperlichen Probleme oder auch Taten mir dabei halfen ein „normaler Mensch" wieder zu werden. Personen denken oft, warum starrt er mich so an, Warum ist er so verletzt?, warum hat er Probleme sich anzupassen? Aus diesem Grund habe ich mich entschieden, diesen Schritt zu gehen und anderen mit Erfahrungen zu helfen.

Sollte jemand dieses Buch lesen, ohne jemals in diese harte Tatsache eingedrungen zu sein, den rate ich, dieses Buch bis zum Ende zu lesen, sich in die Lage zu versetzen, von mir, und besonders zu verstehen, was einem Menschen so weit zu bringen, Lebe wohl zu sagen. Ich will damit weiß Gott nicht sagen, ich habe meine Depression überwunden, ganz im Gegenteil, Finstere Gedanken bei Tag und Nacht, Fehltaten, welche unverzeihlich sind, suchen mich noch heute Heim. Oft habe ich gelernt damit umzugehen, mit Erfolg. Oft aber schafft man es nicht, sich mal auf sich und seine Mitmenschen zu konzentrieren, sondern selbst die Fantasie zu ergreifen, in andere Köpfe hineinzuschauen und sich unzählige Szenarien zusammenzureimen, was für Böse Gedanken sie nun wieder gegen dich führen.

Auf gut Deutsch bin ich natürlich noch lange nicht raus aus dieser Phase, ich besuche noch meinen Therapie-Platz und führe eine Menge von Gesprächen, welche tief in mein Herz eindringen und dieses Angstgefühl schon wieder herausfordern.

Auf einem guten Weg zu sein kann man erst sagen, wenn man wirklich der Ansicht ist, alles sei einem egal, sei es eine Prüfung, ein Fest, eine Person oder gar sein eigener Kopf. Wie sagte ein gewisser Descartes damals? „Ich denke, also bin Ich." Genau um dieses Zitat zum Klang eurer Münder zu bringen, werde ich euch Geschichte um Geschichte nahelegen, ein kleiner Junge von Nebenan zu sein, dessen Herz schon dreimal kurz vor Stille stand Findet doch selbst Einblicke in eurer Leben und damit verbunden, eine tiefe Sehnsucht nach Geborgenheit und Liebe, welche euch dazu bringt, dieses Buch zu verstehen. Starrt niemanden mehr Böse an, als sei er ein Verbrecher, schaut Ihn lieber an, lächelt, und sagt „Komm mit mir, in das Seelental", welches euch gleich begibt. Ein letztes Zitat von mir selbst, will ich euch aber noch mitgeben!

„Gedanken in einem Seelental sind eng verbunden mit der Leere, welches euch Euer Leben gibt."

Inhalt

Kapitel 1

Wenn aus Glück ein Beben wird

- Frühe Verluste sind hart
- Mobbing kann tödlich sein
- Ein Mobber hat immer Anhänger
- Ein Bärenstarker Klassenzusammenhalt
- Hasskampagne wirft einen zurück
- Mit Medien in den Blicktod
- Leistungsdruck ist mörderisch
- Meine Englischlehrerin – Das Beast
- Der aufgespielte Chef
- Der schwarze Abgrund heißt Kritik
- Mein erstes Mal war ein Fehler
- Hör doch mal auf zu planen!

Kapitel 2

Angst sollte keine schwäche sein

- Großer Fehler in der Zeit die Reife
- Das anderen Denken über mich
- Mich nahm doch keiner ernst
- Angst vor der Wahrheit
- Dazu stehen ist ein Muss
- Angst hat man vor dem Kniezittern
- Angst ein Leben zerstört zu haben
- Das Schicksal hätte ich verändern können
- Das Auge des Tigers

Kapitel 3

Ein Boden kann auch mal hart sein

- Der Plan ging niemals auf
- Specialist in Failure
- Das warten auf den Sturm
- Zu viel Business ist auch nicht gut
- Diese erste Liebe
- Der erste Versuch
- Sie legen die Schnalle um dein Hals
- Wahre Freunde erfährst du erst in schlechten Zeiten
- Wenn die Treppe immer steiler wird
- Schweißgebadet ist nicht immer gut
- Jeder hat eine Last zu tragen
- Lieder zeigen Erinnerungen

Kapitel 4

Nichts wird mehr so sein, wie es war

- Ihr hättet einfach bleiben sollen
- War alles doch halb so wild?
- Optik wirkt anders
- Das Hobby bietet nicht immer Halt
- Eine Fan-Page ohne Zuspruch
- Alles will man nochmals durchleben
- Wie wäre die Zeit jetzt?
- Heute ist es teilweise noch schlimmer
- Nie mehr Bester Freund
- Die unersetzbaren 4
- Du alte Lügensau
- Eine Freundschaft die Lebt und Zerreißt

Kapitel 4

Das Leben ist ein Geschenk

- Ich habe Angst dieses Buch zu schreiben, Aber...
- Weil das was ich sah mein Leben veränderte
- Danke für mein Leben, danke an dich
- Der ultimative Auftritt
- Der Zuspruch war mächtig
- Ein Arschloch ist doch mein Held
- Danke ist eine Untertreibung
- Mein Verein, Meine Familie
- Ein Neues Leben – eine Neue Hoffnung
- Mein Halt war dieser Verein

Kapitel 1

Wenn aus Glück ein Beben wird

Wie ich schon am Anfang angedeutet habe, spezialisiert dieses Buch sich natürlich auf mich und meine Eigene Person. Aber Liebe Leser oder auch liebe Mitmenschen, welche dieses Problem ebenfalls bewältigen müssen, werden merken, wie viele parallelen es auf dieser „kranken" Erde doch gibt. Natürlich schildere ich meine Probleme, natürlich habe ich Tränen im Auge, wenn ich so etwas schreibe, doch Sie werden sehen, dass sich meine Geschichten auf jeden Menschen dieses Planeten widerspiegeln werden. Kein einziger auf unserer großen Kugel kann verleugnen, dass er es nicht genau so spürte wie Ich. Wenn aus Glück ein Beben wird beschreibt Momente, in denen die äußere Fassade des Menschen in sich selbst zusammenbrechen kann und daraus ein Gefühl, ähnlich eines Erdbebens entsteht.

Sollte es denn immer so sein? Immer gute Laune, immer Spaß am Leben oder doch auch das Gefühl jeden einzelnen Tag aufs Neue, der Mittelpunkt zu sein? Oder sollte man im Leben Abwechslung haben? Schlechte Laune, wenig Ehrgeiz und auch der Unterschied jedes Menschen gehört zweifelsohne dazu. Genau das macht unser Leben doch zum Sinn. In diesem Artikel werde ich euch erläutern, welche Gründe es haben kann, schon in eine depressive Phase hinein zu fallen. Jedoch müssen diese Beweggründe zweifelsohne nicht gleich den Abstieg und das Ende der Welt für jemanden bedeuten, dass wäre ja so, als würde ein Hai nicht leben wollen, weil er riecht, aber nichts sieht. Versetzen Sie sich in die Lage eines einfachen Mannes oder einer Frau. Ihr Glück gesegnet von Liebe, Mut und Bewunderung, nichts kann Sie aufhalten auf ihren Streben nach oben. Doch auf einmal denkt Sie an andere Zeiten, Hass, Wut, Elend zurück. Ich persönlich finde es ist an sich nicht gut, schlechte Momente zu genießen, aber aus meiner Depression heraus habe ich gelernt, dass Licht-und Schattenseiten nah, sehr nah beieinander liegen und schlussendlich zum Rhythmus einer ordentlichen und inspirations freudigen Zivilisation gehört. Also warum weinen, warum fluchen, warum hassen, wenn man doch eigentlich drüber lachen sollte, da auch diese Seiten unseres Daseins auf einen Schlag wieder ins nichts verschwinden.

Frühe Verluste sind hart

Nein, Nein, keine Sorge, ich rede in diesem wichtigen Artikel nicht über den Tod und seine Kräfte. Dies werde ich schon noch früh genug erklären, in einen anderen Artikel später im Buch. Es war wenige Jahre nach meiner Geburt, als meine Mama sich von meinem Vater trennte. Ich selbst habe davon nie viel mitbekommen, auch die Scheidung war für mich kein Beinbruch, da ich alles eher weniger realisierte. Ein wenig später aber lernte meine Mama einen neuen Mann an Ihrer Seite kennen. Ein barmherziger, fröhlicher, aufgeschlossener Mensch mit

Lebenslust und Energie, ein wahrlicher Retter in dieser Situation. Ihr werdet in den folgenden Zeilen herausfinden, was ich ansprechen möchte, wenn ich sage, „es war eine ungenutzte Zeit." Jeder erwachsene junger Mann oder eine Frau erinnern sich doch irgendwann einmal zurück an das was war, an jedem Spaziergang den man getätigt hatte, jedes Gespräch, welches man als normal eingestuft hatte, jeden Samstag-Abend den man auf der Couch gewillt wurde, all das war selbstverständlich. Nach mehreren Jahren war aber die Luft raus. Mama und Stiefvater hatten andere vorsetze für die kommenden Jahre, das erste Mal wie ich verstand. In diesen Zeiten verfloss ich Literweise Tränen, selbst der neue Lebensgefährte (jetzt Ehemann) meiner Mutter konnte diese Lücke niemals füllen. Ein Riesen Teil meines Herzens, ich glaube die gute Seite, war vollkommen vom Winde verweht. Jeder Moment, Jede Tat, Jedes Gespräch würde ich dieser Form nie wiederkehren und nun mit meinen 20 Jahren werde ich klar im Kopf, dass diese kindlichen Abenteuer nie wieder in mein Leben treten. Ihr werdet zurecht denken, dass ich es später mit meinem Sohn verbringen werde, absolut korrekt, aber nicht mehr als unbeschwerter kleiner „Stift".Mein neuer Stiefvater seit einigen Jahren kann natürlich die Lücke langsam schließen, aber vergessen werde ich meine frühere Zeit nie, ähnlich wie diesem Mann, den ich meine Kindheit zu verdanken habe.

Denkt immer an meine Worte jetzt junge Erwachsene: „Die Zeit kommt nicht wieder, aber sie hat aus dir den Menschen gemacht, der heute dieses Buch liest." Verbindet diese Schrift auch mit Menschen, denen ihr begegnet seid, aber sie nicht festhalten könnt. Personen von früher denken genauso an euch, wie Ihr an Sie. Trotzdem kann ich weder verleugnen, noch verhindern, dass auch dieser Aspekt, dass vermissen an die alte Zeit und andere Menschen mich in diese Depressive Phase gebracht haben, ein Thema welches ich nie richtig Aufarbeiten konnte, aber muss, irgendwann in sehr langer Zeit.

Mobbing kann tödlich sein

Angedeutet habe ich es schon oft, erzählt leider nicht, das Thema Mobbing. Was bedeutet es für uns Menschen, wenn wir über die Straße laufen und im Schaufenster dieses Wort hören? Viele werden es mit der Vergangenheit verbinden, welche sie in Ihrer Kindheit durchgemacht hatten. Mal war man Täter und mal leider das Opfer. In meiner Geschichte war ich leider das Opfer von Cyber-Mobbing, Mobbing in der Klasse in Form von Ausgrenzung, und sogar Mobbing außerhalb jeglichen Raumgefühls, welches mich umgab. Heute ca. 3-4 Jahre später frage ich mich ernsthaft, welch feige Persönlichkeit in einem Menschen stecken muss, um andere derart weh zu tun oder sogar anzugreifen, dass Sie zu so drastischen Mitteln greifen müssen, um darüber hinwegzukommen. Natürlich bin ich wie jeder andere auch kein Engel, nein, nein, das will ich gar nicht sagen, aber noch nie im Leben habe ich eine Person auf längere Sicht hinweg gedemütigt, gespottet und verletzt, um mich wohl zu sehen.

Ich kann es keinem richtig erklären, ich kann lediglich erklären, wie oben beschrieben, warum es keinem hilft, so etwas zu tun, lediglich munkeln kann ich mit einem leichten schmunzeln im Gesicht, was jemanden zu so einer Tat ermutigt. Ich kann schon einmal vorweg greifen, dass mein „Mobber" sogar gelacht hatte, als er diese schlimme Nachricht erhielt. Wie gesagt, Namen erwähne ich lieber nicht, ich möchte nicht, dass sein Leben auch kaputt geht, nur wegen meines kleinen Buches hier.

Ein „Mobber" hat immer Anhänger

Hätte diese eine Person nur alles alleine geplant und doch auch durchgezogen, ohne das mehrere Menschen Ihre widerlichen Hände im Spiel hatten, wäre es wohl doch nur halb so schlimm gewesen, eine Person kann man immerhin eher anfechten, als eine ganze Gemeinschaft, wie jeder weiß. Man sollte sich als Opfer schnell von der Fantasie verabschieden, man könne gegen das Mobbing sehr vieles ausrichten, zumindest alleine. Verbündete in einer Gesellschaft, welche den Mobber angehören, findet Ihr leider nicht. Aus diesem Grund habe ich es leider erst zu spät bemerkt, aber doch früh genug um diese Erkenntnis zu ziehen. Ich meine, am Ende stand ich zum Abschluss mit Leuten auf der Bühne, welche mir zu diesem Zeitpunkt noch am sympathischsten vorkamen, aber nun mal keine Personen, welche ich in normaler Situation auch darum gebeten hätte.

Der Weg den man wählt, wählt man ganz alleine und die Hälfte meiner Klasse, vielleicht auch sogar mehr haben sich für den einfachen Weg entschieden, dabei sein, wegsehen und manche haben sogar die Gunst genutzt und sind meinem Kontrahenten in den Hintern gekrochen und haben die Situationen mitgestaltet. Ich kann heute immer noch nicht verstehen, wie ein Mädchen, mit der ich über zehn Jahre lang ein und die selbe Klasse besucht hatte, von Grund auf ein höfliches Mädel, doch so falsch sein kann und mit den Kreis der Mobbing-Gruppe gegangen ist, vielleicht sogar angeführt hatte Sie alles, so wie ich es gehört hatte. (Wissen tu ich es aber nicht) Oder noch schlimmer, ein Junge aus dem Westen (habe aber keine Vorurteile), der keine Freunde hatte, wo ich noch der Erste war, der mit Ihm sprach und Ihm meine Hilfe anbot, genau dieser hat vorgetäuscht mit mir was unternehmen zu wollen, nur das andere mich auch ein mal in natura sehen und auch mal darüber lachen können, wie ich aussah oder mich verhalte. Ich meine wie krank muss man sein, um mit seinen neunzehn Jahren noch nicht zu verstehen, das alles mal ein Ende hat, auch die ganzen Schikanen. Zugegeben, ich war nicht in allen Bereichen ganz unschuldig. Ich habe zu meiner Lehrerin (welche ich Shakira nannte) zu meiner Abschlussfeier unhöfliche Dinge unter der Gürtellinie gefragt, wenn Ihr wisst was ich meine. Ja das war nicht ganz so gut, da auch noch Ihr Mann in der Nähe war und Ihre Tochter mich kannte. Selbst Schuld würde ich meinen, ABER jetzt kommt die Moral der Geschichte. Dieses Mädchen, ist dann doch in die Klasse mit wem gekommen,

Richtig der „Anführerin" und mit dem „Mobber".
Ich meine härter hätte es mich gar nicht treffen können, immerhin war ich Gesprächsstoff Nummer Eins in der neuen Klasse, natürlich aber musste es negativ sein. Ich habe ja schon angedeutet, dass ich viele Mädchen via Facebook, WhatsApp oder SchülerVZ angeschrieben hatte, aber schon allein einen Gedanken daran zu verschwenden, eine Person aus deren neuen Umfeld anzuschreiben, ist mir doch ziemlich schnell vergangen, gerade nachdem ich daran dachte, was für Folgen dann noch auf mich zukommen werden. Nein Danke dann lass ich dies doch lieber. Nicht zu vergessen aber sind auch die Personen, die mich in den Situationen in der Schule noch runter gezogen haben.

Vier-Neun Kameraden hatten mich bei Facebook blockiert und persönlich auch noch ausgegrenzt. Bei Gruppenarbeiten war ich nur noch das dritte Rad am Wagen und hatte ja gar keine Chance mich zu beweisen. Bei dieser Anzahl der Personen hätte ich ja nicht einmal die Chance, zu einem Klassentreffen eingeladen zu werden.

Wenigstens ist doch das positiv. Wie aber sollte ich mich verhalten? Im Endeffekt habe ich mir nichts anmerken lassen und es in mich hinein gefressen. Schlimm war es, aber ich verstehe einfach nicht, warum manche Personen so rücksichtslos sein können um nicht zu merken, wann eine Person verletzt ist oder nicht.

Im Endeffekt ist dein Konkurrent nie alleine, er hat Komplizen, wie man es in der Polizei-Sprache erwähnen würde. Schon allein Personen, die Lachen über seine Witze und nichts unternehmen, um dich zu schützen sind Schuld, wenn du dich verschließt oder dir was antun möchtest. Das Opfer ist Arm und kann sich am wenigsten währen, das muss mal gesagt werden. Und jeder der nun denkt ich habe mit meiner Klasse gebrochen irrt sich, denn manche Personen grüße ich noch auf der Straße und rede mit Ihnen wie erwachsene Menschen.

Aber die meisten dieser Hinterbliebenen schau ich nicht mehr an, rede kein Wort über Sie, und warte was Sie aus Ihrem Leben und Ihrem Plan machen, vielleicht mehr oder weniger als Ich, aber ich hoffe wirklich, Sie werden auf dem Boden liegen und flehen, dass ich Sie aufhebe und Sie verteidige, wenn jemand sie beleidigt oder schikaniert. So wie ich es mir gewünscht hatte, aber leider nicht bekam.

Ein Bärenstarker Klassenzusammenhalt

Mit manchen sogar 12 Jahre verbracht, mit wenigen gar aber nur 4, so war der Ablauf meiner Zeit in der Sekundarschule, wo ich schlussendlich meinen ersten Abschluss erlangen konnte. Leider war das letzte Jahr nicht mehr das, wovon ich geträumt habe, was ich mir selbst gemalt hatte, um gut durch das Leben zu laufen. Ich wurde schikaniert, wurde gemobbt, es wurde über mich gelacht, nicht allein, sondern in der Gruppe aus 7, sogar 8 Personen ohne Rücksicht, wer ich war. Ich gestehe ja ein, Mensch über mich konnte man auch lachen, war immerhin nicht der schönste oder coolste, habe mich blamiert, Lehrer als Opfer gesehen und durch Videos mein Leben lustig gestaltet, wer hätte es denn dann nicht verdient gehabt, dass über Ihn gelacht wird, immerhin würde ich es wahrlich nicht anders machen in dieser Situation. Ich hätte es sicher mehr verstanden, wenn all diese Personen Freunde von Ihm gewesen wären, sie stehen zu Ihm und alles ist gut, sollen mich alleine stehen lassen, habe meine Freunde sowieso in der anderen Klasse, aber nein, so ist es nicht.

Der wahre Grund ist doch, dass die Hälfte derer, welche mich ignoriert und ausgegrenzt haben doch weniger Kontakt zu meinem Widersacher hatten, als ich es selbst tat bzw. welche Beachtung mir geschenkt wurde. Natürlich waren zwei oder drei Personen, vielleicht sogar vier Leute Freunde von mir, wenn man es so denn nennen mag, habe sogar für diese ein „YouTube"-Video gemacht, mit lustigen Sprüchen, damit sie mich gar nicht vergessen, aber zu welchem Zweck? Hinterm Rücken sind doch alle laut, vorne zwar leider Leise, aber im Leben ist das halt so, geschützt bist du davon weiß Gott nicht, so ehrlich bin ich zu mir selbst.

Wenn ich aber Abends im Bett liege denke ich darüber nach, warum alles so gelaufen ist, warum habe ich mich schikaniert, warum habe ich mich blamiert, aber die quälende Frage ist doch, warum haben alle mitgemacht? Ich habe mal gelesen, dass neun von zehn Personen Mobbing lustig finden, selbst habe ich auch darüber gelacht, aber das Leben ist leider nicht so einfach, wenn man selbst durch hat, was viele schon sagten und fühlten. Ich habe ein Riesen Danke für euch über, Ihr wart spitze Ihr Hasen. Ich lasse mich doch nicht veräppeln von Personen, welche damals hinter meinem Rücken sich weggewendet haben, mich in Social-Medias ignoriert haben und in Gruppenarbeit den kleinen Marco alleine haben arbeiten lassen, genau dafür Danke ich euch.

Wisst ihr da draußen, warum die meisten so waren, sie hatten einfach nur angst, Angst sich zu blamieren, Angst allein zu sein, einfach Angst, zu leben, das alles ist es! Ändern kann ich an der Gesamtsituation sowieso nichts mehr, ist leider so, aber ich verstehe es einfach nicht, warum sich so viele Leute nach einer anderen Person richten, und damit eine Dritte derart verletzen und verraten, dass diese zur Abschlussfeier einsam da sitzt und seine gesamte Freundschaft auf Personen der anderen Klasse verlagert, wobei das auch die Besten der Besten sind. Die Kollegen wären doch die ersten gewesen, die zu Mama und Papa gegangen wären und geweint hätten, wenn nicht gar den Strick genommen hätten und gegangen wären.

Die meisten aus meiner ehemaligen Klasse wissen jetzt davon, warum auch nicht, ich rede ja darüber, aber ich wette, die wenigsten interessieren sich wahrlich dafür und verstehen, was ich tat. Daran merke ich doch nur, was ich für ein Opfer für alle war, dass ich selbst nach 10 Jahren gemeinsamen Weg noch kein Gefährte bin, sondern ein Mitläufer, der das Bot irgendwann verlässt. Das ich fachlich mehr auf dem Kasten habe, als das was ich gezeigt habe vor euch, Ihr Bengel, dass wisst Ihr vielleicht im Kopf selber, wenn nicht, dann schaut euch mein Leben an. Unser Klassenzusammenhalt war zumindest mega groß, wenn ich jetzt darauf blicken werde.

Eines hat sich für mich doch schon seit Tag 1 der Ausbildung entschieden, ich werde nicht zum Klassentreffen gehen, falls ich überhaupt was davon erfahren sollte, die meisten haben mich aus der Gruppe ja ignoriert und ich bin aus der Gruppe bei „Facebook" auch rausgegangen. Ach doch ich werde hingehen. Top gestylt, fettes Auto, gut verdientes Geld und ein Anzug von Gerard Butler getragen, ja dann komm ich, dann sehen alle ja, was aus dem Opfer Marco geworden ist, nämlich mehr als alle es gedacht hatten und denken würden. Ja ich habe mich geändert um 455Grad. Ich bin ich nun und bin hier. Aber wie gesagt, der Zusammenhalt war spitze, das Leben wurde mir einfach gemacht, als einsamer Junge ohne Freunde und nur sich selbst, aber ich schaffe es, gerade jetzt.

Hasskampagne wirft einen zurück

Letztendlich verspürt man immer dieses Gefühl, Hass fließt durch deine Vene, deine Faust fängt an zu zucken, und deine Ideen im Kopf werden schwerer und schwerer beim Gedanken da dran, alles so zu lassen, wie es leider nun mal ist.. Auch ich habe dieses Gefühl, wenn ich ihn auf der Straße sehe, nicht immer, aber gerade dann, wenn ich wieder das Gefühl habe, mein Leben an die Wand zu fahren, kommt dieses vor. Doch was bringt es mir, zum Beispiel ihn bei den Bullen anzuschwärzen, dass er Haschisch raucht, oder ein Drohbrief in sein Briefkasten zu werfen, um zu zeigen, was er verdient? Es hätte eventuell noch ein Leben kaputt gemacht, nach meines, welches ich nicht will. Wieso jemanden leid zuführen, wenn er es alleine selbst schaffen wird und ich nur mit der Faust gebeilt in meinem Nest liegen kann, mein Riesen „Gunners-Zeichen" anstarren kann und mich wie Obama nach gewonnener Wahl fühlen kann.. Das ist doch 1000x mehr Befriedigung für mich, als es eine Angstmacherei selbst machen könnte Nur mal gemessen den Fall, ich hätte dieses durchgezogen, hätte ich mir doch dann selbst Vorwürfe gemacht und wäre damit nicht glücklich gewesen. Ich möchte niemanden etwas böses, auch wenn ich Ihn gerne mal eine in sein Gesicht geben würde oder Ihn mal geballt ins Gesicht schreien würde Das Leben ist selbst hart genug, er bekommt auch vieles nicht gebacken und wird es auch nicht können, doch ich stehe im Leben. Mein Kopf wäre bei solch einer Tat meinerseits doch auch explodiert, vielleicht wäre ich dann der neue Patient auf Station B, mit dem Gedanken, er wäre jetzt bei der Polizei, wäre zu Hause, Kopf kaputt, mit dem Gedanken gehen zu wollen.. Das kann ich mir selbst nicht antun, ich rede nicht schlecht über Ihn, ich besage die geile Zeit von damals, welche grausam endete, aber ich tu ihm nichts böses, da ich nicht böse bin, trotzdem bin ich kein Idiot, der sich nichts traut, sondern ein Mensch, welcher nur beste will, nämlich das andere Ihr Leid ohne meine Hilfe kennenlernen können Was ich euch da draußen damit sagen will, ist, dass Ihr keine Bösen Gedanken gegenüber eurem Gegenspieler schnüren sollt, die Person wird es treffen und wenn Ihr doch voller Hass vor Ihm steht, dann schreit Ihn an, Ihr fühlt euch wohl, aber tu nichts, was sein Leben in jeglicher Form in eine Schattentat raufen wird, dies tut er schon selber.

Mit Medien in den Blicktod

Wie ich in meinen obenstehenden Artikel erläutert habe, bedeutet nicht immer die Reife ein Zeichen voller Stolz, nein das Gegenteil kann genauso eintreffen. In meinem Leben habe ich viele Taten begonnen, wo ich mich heute schämen würde, nein eher vergraben würde. Sogenannte Freunde werden zu Gegenspielern, Familien werden zu Personen, welche nicht mehr an dich heran treten können, Aber was bedeutet es wirklich, dieser Blicktod? Mein damaliger bester Freund postete Videos und Fotos auf Facebook, ja das sollte euch allen ein Begriff sein. Zum damaligen Zeitpunkt fand ich es spitze, fast überragend was ich tat, andere lachten über mich, spotten und hassten und der kleine Marco hat nicht einmal was gemerkt, traurig ist es leider. Auch nach der Freundschaft versuchte er mich mit allen Kenntnissen zu schwächen, erzählte lügen, mobbte weiter und raubte mir den Schlaf. Genug Einblick erst einmal zu meiner Geschichte und Ihm (sein Name benenne ich jetzt mal nicht), auf dem ich später nochmal zu sprechen komme. Durch diese Person kannte jeder den Marco, welche existierte. Nirgends war ich sicher, alle starten, alle gafften, alle spotteten und ich mittendrin als Opfer meiner Naivität und vor allem als Opfer der Depression. Auch aus diesen Gründen hat vielleicht der Tod gerade mich ausgesucht, um sein Leben weiterzuführen, hineinzutreten und dieses Leben hinter mir zu lassen. Doch eines kann ich euch noch dazu sagen, dass Internet vergisst deine Taten nicht. Jeden Tag aufs Neue denke ich darüber nach, wie es gewesen wäre, wenn ich ein Wort gesagt hätte, wenn ich keinen vertraut hätte oder sogar jemand körperlich angegriffen hätte, was wäre dann jetzt? Niemand kann es mir sagen. Eines lerne ich daraus leider Gottes trotzdem. Denke lieber vorher nach, als das du handelst. Natürlich passiert es mir noch heute, Dinge zu sagen, welche nicht so gemeint waren oder gar Taten zu begehen, welche ich Minuten später schon wieder bereue, aber ändern kann man leider nichts, was passiert ist, es wird immer ein Teil von dir sein, dich begleiten, dich verängstigen und wenn du Pech hast, dann kann es dich auch töten. Ich für meine Begriffe versuche immer mit diesen Taten umzugehen, daran zu arbeiten, dass sie nicht noch einmal vorkommen und das ist auch das einzig Richtige, welches man im Leben tun kann.

Du wirst niemals vergessen, nicht im positiven, noch im negativen Sinne, aber du selbst musst das Mittel finden, welches dir dabei hilft, mobile Medien zu vergessen, egal was du gesagt, geschrieben, gepostet* hast, das Böse vergisst dich niemals. Genau aus diesem Grund gehe ich aber auch optimistisch in die Zukunft. Wer so was postet oder mich verspottet und weiß, welchen Schaden anrichtet, den wird das Karma selbst erwischen und dorthin bringen, wo er hingehört, auf die Straße, in der Gosse oder irgendwo sonst. Ich habe absichtlich jetzt auch nicht das Wort im Grabe verwendet, wäre ja unmoralisch jemanden den Tod zu wünschen, nein so feige bin ich nicht und werde ich auch nie sein.

Um zum eigentlichen Thema zurück zu kommen, warum die Überschrift Blicktod heißt: Jeder von euch kennt doch einen guten Hollywood-Film mit Di Caprio, Clooney oder was weiß ich. Stellt euch einfach bildlich vor Ihr sitzt am Bahnhof, wartet auf den Zug nach Hause, aber habt gleichzeitig auch den Tod im Blick. Ihr seht die Menschen, Hunderte, nein gar Tausende an euch vorbeiströmen und Ihr realisiert dieses Gefühl gar nicht. Euch könnte jemand beklauen, anrempelt, Ihr selbst würdet nicht klar kommen und nichts als die reale Welt ansehen.

Dies ist auch eine Phase der Depression und vielleicht auch von allen Phasen, welche mir bekannt sind, die Gefährlichste, denn man realisiert nicht was man tut, was man denkt, wie man handelt oder sogar wie man lebt. Das Leben zieht vorbei, Menschenmassen reißen das blühende Leben des Stadtlebens neben dich her und du stehst da, meine Mama hätte damals gesagt wie ein „Häufchen Elend" und hofft nur das alles besser wird, alles vergessen wird, keiner deinen Namen kennt und du

ein neues Leben beginnen kannst, ganz allein du, ohne Maß. Doch meine Freunde so ist das leider nicht, seitdem ich in der Psychiatrie war, denk ich immer nur an eines
„Steh dir selbst und kämpfe, Wojciech"!
Seither begleitet er mich durch die Straßen, durch die Träume, bis hin auf die Arbeit, denn nun weiß ich, dass der Tod mich nicht für bereit gehalten hat. Leider Gottes aber weiß ich sowohl, dass es dafür einen anderen Menschen betrifft, welche Niedergerissen wird von einer Klinge, des Atems oder der Klippe. Der Tod ist überall, aber auch nirgends. Ich für meine Begriffe hatte damals keine Angst vor dem Tod, aber wenn ich an dieses Wort jetzt wieder denke, verspüre ich Gänsehaut pur, denn Tod ist nichts für mich

Leistungsdruck ist mörderisch

Im Leben viel erreichen, niemals aufgeben und immer wieder aufstehen, lautet die Devise deiner Elternteile, wenn es um die Wahl deiner Zukunft geht, aber genau das birgt Gefahren, wie ich es selbst auch merken durfte und noch heute in diesem Element geschmückt aus Stress und Angst verbinden darf.
Ich frage als erstes euch da draußen, was Menschen eigentlich wollen, ein Glücksgefühl eines Menschen, der selbst irgendwann merken sollten, wohin er im Leben möchte, oder eine Person, die voller Druck aufwächst, wo auch beste Bemühungen nichts sind, als ungenügende Leistungen im Leben, obwohl man genau weiß, wo man hin möchte, also zudem auch noch der Traum eines Elternteiles wird wahr, Ihr Junge weiß, wie ein Leben funktioniert. Na gut ausgenommen finde ich es natürlich komisch, das ich mit den wichtigen Entscheidungen im Leben immer bis auf den Stichtag warten musste. Nach meinem knapp verpassten erweiterten Realschulabschluss

war die Frist für mein Fachabitur eigentlich abgelaufen und doch habe ich Ihn bekommen, den Platz in dieser Klasse. Habe ich übrigens auch mit Bravur gemeistert, auch wenn meine Noten nicht die besten darstellen. Das Praktikum, welches ich dazu benötige habe ich am „Deadline-Tag" bekommen, mit gleich drei Gesprächen innerhalb von 6 Stunden und nun mein Ausbildungsplatz, wo ich nun auch schon sehr viele Bewerbungen schrieb und es immer noch nicht sicher ist, wo ich verbleiben werde, also den Druck muss ich mir neunmal selbst stellen, da mache ich niemanden den Vorwurf. (Ausnahmen sind vielleicht Betriebe die anscheinend Fachkompetenz ausschließen für Menschen, welche ohne Vorkenntnisse sofort angenommen werden.) Aber nun komme ich man zu dem ersten Teil dieses Artikels zurück Nichts war im Ansatz gut genug, hätte ich doch lieber ein Abitur machen sollen und nicht Daddy auf den Taschen liegen sollen, hieß es von der einen Seite. Marco du musst was vernünftiges machen! Ist ja nicht so, das ich schon gefühlte

1000x gesagt hatte, was ich erreichen möchte, wenn es immerhin dieses Jahr nicht funktioniert, dann halt nächstes Jahr, oder in 3 Jahren oder in 20! In Deutsch sollte ich immerhin auch immer nur eine zwei auf den Zeugnis vorfinden, ist ja nicht so das ich Dichter bin und auch mal eine Prüfung verhauen kann, nichts ist einfach, Fehler macht doch jeder. Und ich möchte jetzt wahrlich nicht meine Geschwister in die Pfanne hauen, auch wenn Sie es lesen, aber ich war doch von Papa und teilweise Mama auch die Hoffnung, noch mehr im Leben zu erreichen, als meine Schwester und Bruder. Während meine weibliche Verwandte wöchentlich Überstunden in der Küche für einen Hungerlohn abrackert, hat mein Bruder nach schwierigen Verhältnissen (falsche Freunde, Förderschule & Drogen) die Kurve gefunden und durch mein Vater Platz in einer richtig guten Firma bekommen, Wirtschaftlichkeit ganz groß geschrieben. Doch was sollte ich denn werden, ein Bürofutzi, euer Stolz sollte ich werden?

Nicht wenn ich in der Psychiatrie sitze und mir immer noch anhören muss, das alles gut werden muss, ich schnell wieder rauskommen solle, da Schule ja wichtiger ist, als mein Leben, zumindest hörte es sich verdammt so an, leider wahr!

ICH sollte noch mehr aus meinem Leben machen, als meine beiden Geschwister, ich sollte die Kohle verdienen, mit sehr viel Druck im Nacken von Seiten meines einen Elternpaares. Natürlich hat auch das andere Glied der Kette Druck ausgeübt, Stande aber immer mit einem Fuß hinter mir, falls was nicht funktionierte oder zu scheitern drohte, danke dafür Aber ich konnte so nicht leben, deshalb bin ich auch in diese Krise verfahren, leider ist es so, auch in Halle im Krankenhaus bei Dad durfte ich mir anhören, das es doch sinnlos wäre hoch hinaus zu wollen, schaffe es doch eh nicht, kam so rüber, von Ihm! Dann sage ich aber heute offiziell, trau deinem Kind was zu, er hat auf jeden Fall das Zeug dazu, etwas zu leiten, zu lenken, zu führen, wie seine Fußball-Mannschaft jahrelang.

Sollte es jetzt Vorwurfsvoll gegenüber meiner Familie, auch meinen Geschwistern klingen, so entschuldige ich mich jetzt vielmals. Ich liebe euch über alles und weiß was ihr leistet, mit Kind, viel die Arbeit zu lasten und dann noch ein Bruder, der in der Depression hängt, einfach ist es wahrlich nicht, Hut ab! In anderen Teilen im Leben spielt es doch auch eine Rolle, im Fußball beispielsweise. Von mir wurde und wird immer Professionalität gefordert, immer gute Leistung brauche ich, um auch mein Ego zu ergänzen und vor den anderen mit Perfektionismus glänzen zu können, das muss und wollte ich. Kein Wunder so böse wie es klingt hat sich Enke und Lewandowski das Leben genommen, ich war ja immerhin auch nicht weit entfernt von dieser Last, diesen Druck nicht standhalten zu können und zu sterben, zu gehen, ohne etwas geleistet zu haben. Meine Person würde ich in drei Worten beschreiben ehrgeizig – zielstrebig – selbstkritisch! Alles Worte, welches man im Sprachgebrauch mit Erfolg und Kompetenz verbinden und vielleicht ist das auch der Grund, warum ich es nicht schaffen konnte, da ich neben anderen Personen Druck auf mich selbst einwirkte. Alles muss Top sein, Haare dürfen nicht kaputt werden, jeder Ball beim Fußball muss ankommen, in Deutsch mit Gedichten angeben können, all das sind Merkmale, die zum Burnout und Depression führen können, aber längst nicht müssen! Tja Druck von Außen und allen voran von einem selbst macht kaputt, müde und vor allem ist es sehr gefährlich, man weiß nie was passiert, unter Druck, morgen oder übermorgen, Aber ich möchte den Druck kompensieren, in einzelne Etappen, ohne Druck nur wie ich es schaffe, fachlich und soziale Kompetenz beweisen, das macht uns doch aus, den starken Herren im Hause Krüger Und selbst wenn ich es nicht schaffen sollte, mein Studium, viel Geld zu verdienen, dann möchte ich trotzdem Stolz aufbieten können, ohne das mir jemand Vorwürfe schmiedet oder Druck versetzt, es hilft keinem etwas, auch nicht mich, selbst wenn es mich kaputt gemacht hat, ich bin immer wieder in die Schlacht gezogen!

Meine Englischlehrerin – Das Biest

Es klingt wahrlich nach der großen Abrechnung die Überschrift, wenn man sie liest. Im Grunde genommen kann man es schon so auffassen, aber vielleicht werden mich auch Leute verstehen, wenn sie merken, was diese Tat mit mir gemacht hat.
Meine Englischlehrerin in Naumburg war eine Frau, eine Frau, welche sogleich auch meine Klassenlehrerin war und mich von Grund auf nicht aufstehen konnte. (zumindest sagt mir das mein Gefühl) Alles fing ja eigentlich in der fünften Klasse an, als ich dachte, ich müsste Frauen, welche fünf, gar sechs Jahre älter waren anmachen und versuchen irgendwie Kapital daraus zu schlagen, tja selbst Schuld, würde ich meinen. Aber seien wir doch mal ehrlich, das kann doch kein Grund sein, mich nicht zu mögen, in der fünften Klasse war ich immerhin gerade einmal 11 Jahre alt, ein Alter in dem man sowieso noch nicht bestimmen kann, was man macht, weil man nicht nachdenkt, sondern handelt! Es ist ganz einfach..

In der zehnten Klasse, mein Abschlussjahr hatten wir gewohnt Englisch mit Ihr. Ich mit einer Grippe saß im Unterricht und meine Vorgesetzte entscheidet sich mal eben spontan ein Text zu schreiben.. einen Hörtext. Gerade so einen, wo man sich 1000% darauf fokussieren muss und jeder kleine Fehler bestraft werden kann. Natürlich habe ich diesen Text komplett verpatzt, eine zwei habe ich gebraucht, um eine gute Ausgangsposition für die Prüfung zu haben, aber ich schrieb eine vier. Somit war mein Schicksal eigentlich besiegelt, vor der Prüfung habe ich in Englisch eine drei und keine zwei. (Warum das noch wichtig werden sollte, kommt jetzt)

Nun werde ich euch kurz mitteilen, was ich nach der Schule vorhatte und welche Voraussetzungen gefordert wurden:

Ich wollte mein Fachabitur in Weißenfels absolvieren. Diese Stadt ist ca. 15 Minuten entfernt, nicht wie Jena 45 Minuten. Somit wäre die Belastung natürlich auf der Ebene nicht dramatisch gewesen. Ich brauchte auf dem Zeugnis eine zwei in Englisch.

Also mit der vier im Test hätte ich gar eine Eins schreiben müssen, um dies doch noch hinzubiegen. War ja aber leider klar, das dies nicht passiert. Ich habe eine Zwei geschrieben, also stand ich Komma 5, die Lehrerin hatte die Qual der Wahl. Schlimm finde ich daran, dass ich ohne den Text schon vorab auf dieser Note gestanden hätte und die Situation mit Komme 5 gar nicht aufgetreten wäre. Meine Lehrerin entschied sich zugleich aber für die schlechtere Note, mein besseren Abschluss war also futsch. Grund genug um diese abscheuliche Person nun nicht mehr anzuschauen, kein Hallo sage ich mehr, und respektieren, möchte ich diese Person überhaupt nicht mehr, immerhin wusste Sie, dass ich die bessere Note brauche, um nach Weißenfels zu gehen. (Verdient hatte ich die bessere Note durch die Prüfung ja sowieso)

Einen Traum hatte sie zerstört.. Hätte ich diesen Schritt gehen können, dann wäre alles möglich gewesen. Studium, Ausbildung, Psyche, mein Leben wäre in guten Fugen verlaufen, zumindest kann man sich das einreden oder zumindest den Gedanken schnüren, aber Nein es sollte nicht so sein.

Ich möchte wahrlich in diesem Buch nicht, dass sich Personen Vorwürfe machen, welche es nicht müssen und natürlich hätte Frau H. Nicht ahnen können, was mir in Jena widerfährt, aber das konnte ja sowieso niemand. Aus diesem Grunde könnte man jetzt natürlich überlegen, ob man es als Abrechnung gegenüber Ihr nennen sollte oder nicht. Fehler machen wir immerhin alle, das sollte man sich schon eingestehen! Ich hätte ja einfach das komplette Jahr über konzentriert arbeiten können und gezielt gute Noten sammeln können, dann wäre es dazu vielleicht gar nicht gekommen, aber mein Gott, man kann es sowieso niemanden recht machen. Obwohl ich muss Sie sogar loben. Wäre ich nach Weißenfels gefahren, in eine Klasse mit meinen Widersacher, dann hätte es genauso passieren können, wenn nicht sogar noch schneller alles gegangen wäre, da ich dem psychischen Terror jeden Tag ausgesetzt gewesen wäre. Man kann es vorher doch nicht wissen, aber eins weiß ich: Frau H., ich werde Sie immer noch nicht grüßen und anschauen, mein ganzes Leben, meine Kämpfernatur und meine Ziele konnten bisher alle nicht erfüllt werden, weil ich in Jena, statt Weißenfels war und das war Ihre Schuld, ist meine Meinung und diese wird sich erst mal auch nicht ändern. Ich betone erst mal, weil man ja nie weiß, wohin und wie das Leben schlägt. Also haben Sie keine Angst, irgendwann reden wir beide auch mal, vielleicht in zwanzig Jahren zusammen, ohne das der eine wütend auf den anderen ist, aber ernsthaftes Interesse habe ich daran nun einmal noch nicht!

Der aufgespielte Chef

Ein Abschluss hatte ich immerhin schon, aber was soll es, ein zweiter kann ja nicht weniger Schaden und so ging ich nach Jena, ein kompletten Neustart wollte ich wagen, ohne auch nur einen Gedanken an meine alte Zeit in Naumburg zu werfen. Leider aber gelang dies aufgrund meiner Art leider gar nicht so richtig.

Klasse whoohoo, dachte man sich, bald hatte ich doch schon mein Abitur, nur zusammenreißen, normal in die Klasse einfinden und nicht mehr so sein, wie auf der Humboldt, egal wie, nur nicht so. In den ersten Momenten schien dies auch gleich zu klappen. Ich war still, habe mich angepasst und war normal, sogar am ersten Schultag habe ich versucht, mich mit zwei anderen Personen anzufreunden, welche ähnlich wie ich, auch mit dem Zug zur Schule mussten. Aber schon da habe ich gemerkt, es ist doch nicht so, wie ich es erwartet hatte! Die beiden Schüler erwiesen sich am Ende auch als beste Schulfreunde, konnte ja aber auch vorher keiner ahnen, aber eines merkte ich schon damals, sie wollten mich wahrlich nicht dabei haben, warum auch immer, war ich doch so nett und ruhig, dass ich kaum was sagte. Geschweige denn in Jena kannte ich mich ja auch nicht so sehr aus. Nach Tagen und Wochen war aber leider auch diese kurze Phase meines Daseins beendet. Ich spielte mich auf, erzählte bei Vorstellungsrunden mein Hobby sei Reiten (für jeden der weiß, was ich meine), warum habe ich nur so drauf angespielt bei Personen, welche mich nicht kannten und sich untereinander auch nicht wirklich? Obwohl ich sagen muss, das es auch meinem Auftritt geschuldet war. Ich hatte immer ein weißes Hemd an, eine Kette, welche arroganter hätte nicht sein können und schmierige Haare zum Abschluss. Irgendwie passte da ja das Gesamtpaket zusammen. Im Unterricht zudem brachte ich auch nur dumme Sprüche mit meinen Mitschülern, wollte ich doch eigentlich anders sein als sonst. In Naumburg war ich ja nur der Mitläufer der alles tat, was man Ihm sagte, so wollte ich doch nicht mehr sein. Ich wollte der Chef sein, zeigen das Leute sich auf mich verlassen könnten und brachte somit die Gemüter natürlich wieder in Aufruhr. Ich erzählte von etlichen Frauengeschichten bei mir, die es nie gab (zur Bemerkung zu dieser Zeit war ich noch unberührt), habe gesagt, was ich im Leben kann und nicht eingesehen, wenn jemand was gegen mich sagte. Mir sollte einfach nicht noch einmal das passieren, was in Naumburg war, ein Opfer zu sein.

Und doch deutete vieles auch in der Anfangszeit in Jena daraufhin. Ich wurde dumm von der Seite angemacht, in der Klasse wurde wieder nur gelacht und gespottet, ohne das es meine Absicht war und mit einem Vortrag über Homosexualität habe ich mich ja erst recht ins Aus geschossen. Sollte es aber wieder so werden, wie in der Humboldt, dass ich mich nicht genug anpasse und einfach meiner Person freien Lauf lasse, wie ich es für richtig halte? Nein! Warum zum Teufel habe ich mir dann aber Sachen ausgedacht, um perfekt rüber zu kommen? Warum habe ich wieder dumme Sprüche gerissen und mich aufgespielt, obwohl ich nur ein Armer Bube hinter einer Fassade bin? Ich weiß es selbst nicht, aber ich weiß, das es mein Todesurteil war. Und als ich dann einen (vielleicht der Beste aus der Klasse) bei Facebook schrieb, und alles erklärte, was mich umgibt und was er bitte unterlassen sollte, da es nicht in meinen Kram passt, dann war alles gut, erst einmal. Ich war ja dann drei Wochen in Abstinenz, ohne das es jemand wusste, aber jeder tat das, was ich wollte, mich akzeptieren, wie ich bin. Ich denke aber ehrlich, es wäre einfacher gewesen, und vielleicht hätte ich der Therapie umgehen können, wenn ich vom Tag X an normal gewesen wäre, so wie ich jetzt bin, obwohl das ja gar nicht möglich war! Mit so einem Verhalten, wie ich es in Naumburg und in Jena tat, sammle ich keine Punkte, ich verliere welche und neben dran die Chance, Personen auf Ihre Art kennenzulernen und sie gleichzeitig mich. Warum ich mich so aufspielte? Keine Ahnung, aber ich vielleicht dachte ich, Personen passen sich nach mir an und nicht ich nach Ihnen.

Der schwarze Abgrund heißt Kritik

Eine Person versucht immer alles daran zu setzen, erfolgreich und ohne Mühe durch die Gassen zu laufen, nach oben zu blicken und zu sagen, man war das ein guter Schritt, doch dieses Wohlbefinden gibt es weder zu jeder Tageszeit, noch an jedem Tag, denn es herrscht großer Druck mit dem man umgehen kann bzw. muss, welcher aber schnell ohne jegliche Inspiration ins nichts führt und man angreifbar wird, welche sich ziemlich schnell in Kritik widerspiegelt In meiner Jugendzeit bekam ich viel Gegenwind. Kaum war ein Satz ausgesprochen, fand es schon wieder statt, die Kritik. Was soll man aber tun? Lächeln? Gegenfeuern? Sich Ändern? Meine Antwort wird immer nein heißen. Ich könnte jetzt X-Beispiele benennen, in denen ich diese schmerzhafte Erfahrung spüren durfte, aber seien wir alle hier mal ehrlich, wer wurde noch nie für seine Meinung oder seiner Tat kritisiert?

Leider denken viele Menschen, die Kritik wird bei jedem gleich aufgenommen. Sie haben die leichte Hoffnung man wischt sich seinen Mund ab, richtet seinen Kopf gerade wieder zurück auf die Bildfläche und macht da weiter, wo man aufgehört hatte, nur mit mehr Konzentration. Ich habe mich ziemlich lange mit diesem Konstrukt auseinandergesetzt und verfolge deshalb eine unangefochtene und herzhafte Meinung.

„Warum jemanden mit den Worten auf den Boden zwängen, wenn man Ihn in die Lüfte heben kann?", lautet meine Eigene Devise. Ständig wird man auf Arbeit nur kritisiert, statt gelobt, es herrscht Gegenwind von allen Seiten. Für mich, als Patient in einer depressiven Phase ist es wie ein schwarzes Loch, welches man nicht ausweichen kann und immer die Hoffnung hat, man überlebt es. Aber auch Kritik kann einen Menschen derart verwundbar, sowohl in den Ruin treiben. Warum zum Teufel sollte ich jemanden für seine Meinung oder seiner Tat anpöbeln, wenn diese Situation schon der Vergangenheit angehört, und die Augen nur noch auf die Gegenwart blicken sollte? Warum? Ich für meine Begriffe liebe es unheimlich, motiviert zu werden. Sei es auf Arbeit, beim Sport, zu Hause oder auf einer Übungsstunde mit dem Auto?

Es bringt nichts, zurück zu blicken, auf solche Taten, es hilft ein Blick nach vorne, um wieder anzugreifen und du selbst zu sein.

Ich wurde auf Dauer für meine Konservative und oft gegenwärtige Art des Denkens kritisiert. Habe ich etwas falsch gemacht wurde gemault, geschrien, gehasst. Einmal fragte ich meinem Trainer, warum er der einzige ist, der mich nicht kritisiert? Er antwortete mit einem Lächeln im Gesicht, „weil du der erste bist, der weiß, dass es nicht richtig war, was du tatest."

Mein erstes Mal war ein Fehler

Viele werden dieses Thema nun als sehr gewagt halte, das Thema Sex. Aber doch ist es Teil meiner Depression, der mein Kopf auch negativ zum tragen kommen ließ. Ich war eigentlich auch immer ein Mensch von wegen, „Mein erstes Mal sollte etwas besonderes werden!" Und auch wird es bestimmt ein wenig peinlich für mich, wenn meine Freunde oder meine Familie diesen Artikel lesen wird, aber es sind ja noch viele anderen Kapitel deswegen ist es nun mal so. Ich war richtig scharf darauf, immerhin war ich alt genug dafür und bin ein Mann. Jede Frau wird wissen, was ich meine, mit, ich bin ein Mann! Aus diesem Grund war es ja nicht mal verwunderlich, dass ich mich bei Flirt-Seiten anmeldete und somit neue Personen kennenlernte.

Mein erstes Mal war mit einer älteren Dame, ich meine nicht zu alt für mich, aber älter als ich war Sie schon. Der knackende Punkt an der Sache ist aber etwas anderes, Sie war verheiratet! Oh man in eure Gesichter möchte ich gerade nicht blicken, aber kein Problem, ich bin wenigstens ehrlich. Aber selbst bei diesem Mal habe ich es komplett verrissen, Selbstvertrauen war da also doch nicht so vorhanden. Selbst das Sie sich hat scheiden lassen, wenig später, ich hoffe nicht nur wegen mir, macht das alles nicht besser. Oft hatte ich doch auch vor Freunden geprotzt, wie cool es ist, eine verheiratete Frau bei sich liegen zu haben, aber im Endeffekt habe ich meinem Kopf so ein Stress gemacht, es haben zu wollen, das ich arrogant und versteift nur auf dieses Thema geblickt habe. So wichtig ist es aber nun mal doch nicht dieses Thema,

denn es ist nur eine Sache, welche normalerweise Mann und Frau machen und ich bin ein Mann.
Irgendwie wollte ich nur zur Gruppe der „Großen" dazugehören, ohne zu glauben, dass ich mich enorm verändern würde, aber doch das tat sich und nun sehe ich es ein. Sex ist Sex, aber ich hätte warten sollen, irgendwann wäre es doch passiert. Es war aber hart zu sehen, wie ich wurde!

Hör doch mal auf zu planen!

Diesen Spruch muss ich mir leider immer wieder an den Kopf knallen, denn es ist leider ein Fehler in meinem Leben, der mich lange begleitet, ich Ihn aber noch nicht los geworden bin, die Planung.
Und doch ist es egal, wobei ich am planen bin. Sei es ein Projekt in der Schule gewesen, eine Reise in ein fremdes Land oder doch ein Fußball-Turnier für Freunde und mir, alles wird doch zu viel. Doch warum ist das schlussendlich so? Warum mache ich mir derart ein Stress, obwohl ich doch weiß,

dass wenn ich alles flexibel, kreativ, spontan entscheide, dann kann es unter Umständen sogar noch intensiver und besser werden, als wenn alles, jedes Detail genau geplant wird. Genau auch das ist es, was meine Depression einfach so enorm schlimm gestaltet, weil ich einfach den Gedanken nicht aus dem Kopf bekomme, das eine perfekte Planung mehr als die halbe Miete dieses Events sein kann, aber so ist es wahrlich nicht!

Ich habe gelernt:

Je mehr man alles plant, jedes Haar, jede Tat, irgendetwas wird immer schief gehen und es wird niemals alles klappen, wie man es sich vorgestellt hat, zumindest nicht zu hundert Prozent.
Und es ist leider die Wahrheit, zickig oder angepisst war ich von Personen, welche mich nur etwas beliebiges Fragen wollten oder einen Lösungsvorschlag hatten. Nein, mein Vorschlag ist der richtige, kein andere hat das Recht, mir in Gewissen zu reden,

bei Dingen für die ich Zeit und Mühe organisiere. Es ist doch nicht immer einfach Personen klar zu machen, was wichtig an einer Feier oder einer Veranstaltung ist, wenn man sie selbst organisieren muss. Ich bin ein Perfektionist, genau das ist das Problem. Schon Tage oder Wochen vorher informiere ich mich über alles, jedes Problem was anfallen kann und versuche, jedes Puzzle-Teil aneinander zu reihen. Das kann aber gar nicht funktionieren und aus diesem Grund ist das auch ein großer Teil meiner Krankheit geworden. Ehrlich gesagt ist daran kein anderer Schuld, als ich selber, denn ich organisiere alles allein und nicht mit Zeit, einen Funken an Fehlern zu finden. Und immer wenn etwas nicht funktioniert, wie nach meiner Pfeife, dann bin ich etwa gereizt, sentimental, da ich denke jeder hat etwas gegen mich oder ich bin einfach nur stur, mein Kopf sagt wieder das Wort Depression und ich sitze allein in einer Gasse fest, die sich wieder nur mit perfekter Planung öffnen kann. Das ist einfach ein Riesen Problem und doch, wenn ich vieles weiß, woran ich arbeiten muss, auch an das, dann weiß ich nicht wie, denn ich will die Verantwortung übernehmen und andere Personen wissen lassen, das ich mehr Kompetenz in Sachen Organisation ausweisen kann als Sie. Vorgemerkt muss ich dabei aber feststellen, dass es in manchen Bereichen aber nicht geht und das ist auch richtig so. Auf Arbeit kann ich diese Person, des egoistischen Denkens nicht benutzen, denn dann wäre ich unten durch, aber irgendwann werde ich jeden, egal ob Arbeit, Schule oder Privat zeigen, was ich leisten könnte!

Kapitel 2

Angst sollte keine Schwäche sein

Was wäre unsere Menschheit nur ohne diese Art, seine Gefühle offen zu zeigen? Eine Person heutzutage muss doch wahrlich Angst davor haben, Schwächen zu zeigen und dazu zu stehen. Schlichtweg jede Person sollte perfekt sein, sich immer gezielt in der Öffentlichkeit zeigen, Lachen und immer Loyal ohne schwächen durch die Menschheit zu ziehen. Aber mal im Ernst, ich schreibe dieses Buch gerade und denke an die Zeit, denke an jetzt und greife mir an den Kopf, wie billig und oberflächlich unsere Welt geworden ist. Eine Mensch, der weint, der völlig aufgelöst durch die Straßen läuft, wird komisch von der Seite angeschaut und gar schlecht gemacht, ohne das Menschen von Ihren oder Seinen Problemen wissen. Und warum? Weil wir keine Schwächen mehr zeigen dürfen, weil alles falsch ist, was man tut. Mein Tod, den ich fast entgegnet bin, hat mir dieses Bild vom Leben aber nicht nicht gesegnet, nein, ich habe es erst später erkannt, dass das Leben viel zu wichtig ist, um sich hinter einer Fassade zu verstecken und immer ein falsches Spiel zu spielen. Trotzdem tun wir Menschen das, um vor anderen ein besseres Leben vorzuspielen. Warum aber nenne ich nun mein zweites Kapitel mit diesem Namen? Ich bin komplett anderer Meinung als die meisten Menschen. In diesem Kapitel werde ich euch Fehler mitteilen, welche auch ich machte und vor allem, warum Angst keine Schwäche, sondern sogar eine Stärke ist. Was wäre denn besser? Zu lachen und sich später vor einen Zug zu werfen, weil man merkt, dass das was man hinter einer Seele hat, nichts bringt? Oder ist es doch besser zu weinen, sich Hilfe zu suchen egal ob bei Freund, Familie oder Therapie, Angst zu symbolisieren und doch später wieder lachen zu können und im Leben zu stehen? Ich denke das ist wohl klar!

Großer Fehler in der Zeit die Reife

Nun versuche ich mal lieber weiter, frühere Geschichten auf die Allgemeinheit zu spezialisieren, und nicht nur meine Leidenszeit zu erläutern. In diesem Abschnitt beschreibe ich den ersten richtigen Reifeprozess und vor allem auch die erste Herausforderung im Leben eines jungenden Teenager.
Jeder Mensch versucht doch einmal im Mittelpunkt des Geschehens zu stehen, sei es in einer Diskussion in der Schule, eine Schlägerei im nebenliegenden Park oder das Gefühl, allen zu gefallen, wenn du was „cooles" tust. Der Fehler fängt schon allein in diesem Wort an. Was bedeutet eigentlich cool? Rauchen, sich blamieren, im Mittelpunkt zu stehen oder Anerkannt durch die Gegend zu rennen? Jetzt erst habe ich gelernt, wie sich dieses Wort erklärt. Cool, sollte bedeuten, dass man selbst anders als die anderen ist, zumindest in vielen Hinsichten. Warum im Mittelpunkt stehen, wenn man sich zurückhalten kann und mit ein, zwei Personen eine

Konversation führen kann? Warum sich prügeln, wenn danach viele seiner Leute auf dich zukommen und dir noch schlimmeres Leid zufügen? Warum das alles? Ich verstehe mit meinen 20 Jahren noch immer nicht, was den Menschen dazu treibt, zu denken, dies sei der richtige Weg. Ich habe mich auch sehr oft blamiert, habe viel zu naiv in Richtung der Leute geschaut. Leider habe ich das zu spät erst bemerkt, denn dann hätte ich mir ja eventuell dieses ganze Hassgesindel ersparen können. Schaut doch einfach immer zweimal hin, bevor Ihr handelt, bevor Ihr sprecht, oder bevor Ihr tut. Ihr lebt nur einmal und wollt eure letzten Monate, vielleicht auch Jahre nicht damit verbringen, im Mittelpunkt vieler Leute um Ihre Gunst zu kämpfen, euch dabei von anderen bespotten zu lassen und damit euer Leben auf eine Beweisprobe dieser Krankheit zu stellen. Bitte speichert diese Worte in euer Gedächtnis ein. Ich bin durch diese Zeit gegangen und war dem Tod sehr nah. Es war ähnlich einem Geschenk, welches man unbedingt öffnen möchte, obwohl man weiß, eine Bombe ist enthalten. Der Tod freundet sich mit euch an, redet euch ein, seine Welt sei besser, fröhlicher und von weniger Wut umgeben, als die in der Ihr euer reales Leben führt. Dies durfte ich testen, als ich mir versucht hatte, das Leben zu nehmen. Ich drückte mein Kopf so lange unter Wasser, bis er „leider" wie nach oben ging, heute merke ich, dass so ein Selbstmord nie möglich gewesen wäre, aber neben dran wusste ich, wenn ich woanders gewesen wäre, wäre dies mein Ende. Warum also das alles in Kauf nehmen für ein Paar lachende Menschen, für ein Paar Heuchler, die Spaß in ihrer Fantasie haben wollen? Ich habe dies nie verstanden, ich werde es auch nie verstehen, aber eines ist klar, ich weiß, dass ich so was nie wieder in Kauf nehmen will, als Tausch gegen mein Leben, dafür bin ich noch zu jung, habe Dinge die mich halten und vor allem habe ich genug Selbstbewusstsein um nein zu dem Tod zu sagen, nein zu sagen zu mir selbst und meinen Wege zu gehen. Ich lebe auch nur für mich, nicht für andere.

Ein selbstgeschriebenes Zitat wird euch meine Vorsage begründen: „Ein Leben für sich selbst ist wie ein Lauf, welchen Ihr als erste überwindet. – Ein Leben für die anderen ist wie ein Lauf gegen die Zeit, welcher niemals Enden wird." Ihr selbst hattet und werdet immer diese eine Wahl haben, ob ihr für euch, oder für die anderen Leben wollt. Selbst die Reife von der ich spreche ist nicht immer gut, bedenkt einfach mal, dass jeder einzelne einmal enttäuscht werden musste, um zu reifen. Reife bedeutet nicht immer positive Sonnenseiten, nein im Gegenteil, Reife bedeutet auch im Leben sich mit Sachen abzufinden, welche nicht vorhersehbar, sowie verwundbar sind. Wir alle sind angreifbar, jeder einzelne und auch wenn wir uns selbst in den Himmel heben, uns selbst bejubeln, selbst einen Reifeprozess beginnen und vollenden, zum Ende hin machen unsere alten Gewohnheiten und Taten verwundbar, wie niemals zuvor.

Das andere Denken über mich

Es sollte in unserer Zeit egal sein, was andere von uns denken, meinen die einen, darüber zu grübeln als Zeichen von Reife meinen die anderen. Was ist aber nun die richtige Haltung zu diesem Thema? Gerade Menschen mit depressiven Hintergrund kennen diese Frage zu gut, viel zu gut. Sei es auf einer Feier, beim Fußball, auf Arbeit, überall wo sonst eine Harmonie im Raum herumführt ist nun nur noch eines Gewiss, dein Kopf spricht zu dir. Ich beschrieb ja schon ein Paar Artikel vorher, was im Zwischenraum zwischen Realität und Gedankenwesen in einem Patienten vorgeht, aber welche Frage das Beben zum Überlaufen bringen, das habe ich bis hierhin noch nicht beschrieben.

Jede Person hatte dieses Gefühl doch schon, alle reden über dich, überall fällt dein Name und jeder starrt dich an. Doch leider ist es in der Depression nicht gleich der Fall, sondern eine Art Spiegelung. Alles um dich herum wird steif, alles um dich herum wird blass und bewegt sich nur um Haares breite im Sekunden-tagt um dich her, aber sehen von den allem tust du nichts. Man ist sinnbildlich gefangen in einer Kluft, einer Kluft in der nur noch du stehst, ganz allein, hilflos, niemand da. Langsam aber sicher bilden sich Gestalten um dich herum, ähnlich einer Riesen Menschenherde, ein Blick genügt und dein Kopf dreht sich 180° in sich selbst hinein.

„Oh hat er gerade was über mich gesagt?", „Denkt er ich bin ein hoffnungsloser Fall?", all solche Fragen schwirren nun in diesem Gedankenfluss. In Wirklichkeit ist dies aber pure Einbildung, nichts ist wahr. Blicke durch die Umgebung werden einfach nur falsch wahrgenommen, Gedanken kreisen nur im negativen Schwellbereich, fast wie eine Kugel, um dich herum. Eine Riesen Gefahr meinen Experten. Auch ich bin zu Festen hingegangen in der Angst jemand könnte von meiner Sexualität oder meiner Art gehört haben, und könnte schlimme Wörter vergießen, eine Böse Mischung wie ich und viele weitere

Depressive Menschen erfahren durften. In meiner Zeit, wo ich in der Psychiatrie gefangen war habe ich mir ein Spruch überlegt, welcher mein Leben bis jetzt, noch ein Teil von mir sein sollte. „Steh dir selbst und kämpfe, Wojciech.", stand geschrieben. Keine Besorgnis, Wojciech ist nur ein Spitzname, kein Fremdwort, welches euch noch nicht bekannt ist. Ich lebe nun nach diesem Motto. Warum überlegen was andere von dir denken, wenn sie dich nicht kennen. Haben sie Vorurteile und wollen auf keiner Ebene mit dir kommunizieren, dann ist das wohl oder übel ihr Pech, da sie nie die Chance wahrnehmen, so einen Menschen wie mich kennenzulernen. (Welcher echt toll ist, da jeder Mensch toll ist). Heute werfe ich nur noch wenige Blicke auf das was andere denken, ich bin ich, lebe mein Leben und habe um mich herum die tollsten Menschen, die es gibt, welche einzig und allein die Personen sind, von denen mir die Meinung wichtig ist. Also schaut doch auf der nächsten Feier zu der Person hin, denkt euch einfach, er ist nichts Besseres als Ihr und kann euch nichts haben und schon kommt Ihr sicher durch jede Feier, ohne Gedanken, ohne Angst und ohne Wut. Was andere Denken, entsteht nur in eurem Kopf, in eurem Gebilde, in eurer Kluft, nicht in Ihrem Kopf. Aber selbst wenn sie über euch reden, über euch spotten hinter dem Rücken, nach vorne bringt es keiner, denn keiner traut sich über so was zu reden, außer du selbst, du traust es dir, darüber zu reden, über deine Krankheit früher oder später, egal ob mit deinen Elternteilen, Freunden oder auch Gott, genau diese Meinungen sind es nämlich, welche dich prägen sollten, kein dummes Gefasel von Personen, welche dein Leben nicht kennen und nicht erleben wollen.

Mich nahm doch keiner ernst

Im Artikel zuvor habe ich beschrieben, wie viel Angst ich doch hatte, was andere über mich denken, obwohl ehrlich gesagt ist es doch noch heute so. Ich war doch nur ein kleiner Player-Typ, der nichts drauf hatte. Aber was bedeutet es für einen Jungen, wenn er weiß, dass alle Personen mit dir machen können, was sie wollen, da er sich doch nicht wehren kann? Es ist schon eine gewisse Farce zu glauben, eine Person die im Leben kein Mitspracherecht hat den Willen weiterhin alles zu geben.

Mich nahmen die Menschen leider auch nicht richtig war. In der einen Gruppe von Menschen wurde ich nur dumm gemacht, hässlich und klein, vielleicht hatten sie es aber auch nur aus Spaß gesagt, zumindest heuchelten sie es, aber das kann ich nun leider nicht mehr beurteilen. In der anderen Gruppe war ich doch ausgegrenzt, der Grund warum ich dort landete, wortwörtlich in der Scheiße! Es gab leider auch Leute, die zu dieser Zeit einfach nicht mehr sie selbst waren und mich lieber haben liegen lassen, als mich zu unterstützen, mich raus zu ziehen und mir auf die Schulter zu klopfen und zu sagen, „Du bist ein Freund!". Kein Wunder, warum ich mir da Selbstvertrauen suchte, wo ich die Personen nicht kannte, nur vom Namen her, im Internet. Aber selbst da nahmen mich die Leute nicht ernst. Ja, mein Gott, ich habe da zum Beispiel das Mädchen kennen gelernt mit der ich mein erstes Mal hatte oder hübsche Mädchen, die ich kennenlernen durfte. Gleichzeitig lernte ich auch noch gute Weggefährten kennen, mit denen ich teilweise jetzt noch verkehre. Aber wenn man dann auf ein Fest kommt und merkt, die fremden Personen reden über einen, lachen dabei und alle mit denen man redet, hören dir nicht richtig zu oder grinsen dich nur scheinheilig an, dann weiß man, irgendetwas läuft hier ganz gewaltig schief. Auch in der Schule egal ob in Naumburg oder Jena konnte ich erst einmal keinen Fuß setzen, ich habe einfach nur mich verstellt, ich war einfach nicht mehr richtig dort, wo ich sein sollte. Ich habe mich einfach abhängig von der Meinung anderer Menschen gemacht, dass ich gar nicht gemerkt hatte, das Leute in meinem Umfeld oder im Internet mich irgendwann nicht mehr ernst nehmen konnten. So konnte es doch nicht weiter gehen, so konnte ich doch nicht leben. Egal was ich tat, mich grinsten die Leute an und nahmen mich nicht wirklich wahr.

Ich habe einfach gemerkt, das Personen mit mir zwar etwas gemacht haben, aber von alleine kamen sie doch selten, immer fragte ich! Die Mädchen fragte ich nach Treffen, die Jungs fragte ich nach Treffen und ich stand nun da und wusste, wenn dich keiner ernst nehmen wird, bring dich um und komme nicht wieder. Mein Kopf und mein Herz sagten es mir und ich wollte es tun, auch dank diesen Leuten, die mich nicht ernst nehmen wollten, weil ich zu klein, zu hässlich oder dumm war. Ein Mensch ist ein Mensch und braucht Zuneigung und keine Ablehnung von allen Seiten, sonst wird er sich schon bald vor einen Zug schmeißen, sagte ich!

Angst vor der Wahrheit

Alle wollen sie immer wissen, keiner will sie hören, die Wahrheit. Warum tut man dies, warum hast du so reagiert oder die Frage nach dem Ablauf beschäftigen uns Menschen enorm und jedem einzelnen Tag.

Auch in meiner Zeit, gerade jetzt 2 Jahre später, spielt diese Frage eine riesen Rolle. Ein weiser Mann sagte mal:"Stell dich deiner größten Angst, es wird die helfen." Zwei ganze Jahre habe ich es versucht, aber nie hatte ich den Biss, mich durch diese Phase zu quälen Doch genau heute war es so weit, mit meinem Auto auf den Weg nach Hause sah ich diesen Jungen, allein, auf dem Weg seinen Einkauf zu tätigen und nun hatte ich meine Chance ergriffen. Jetzt oder nie, mein Leben ist momentan gut und schön, eine bessere Gelegenheit, die Wahrheit zu erfahren bekomme ich nicht. Eine Sekunde später wurde aus Wut nur noch Angst, Angst kurz 10 Meter vor Ihm umzudrehen und sich zu schämen, doch diese Last wollte ich nicht tragen, nicht nochmal ungewiss bleiben, nicht noch einmal drüber nachdenken, was wäre wenn ich mit Ihm gesprochen hätte Jetzt oder nie, sonst ist dein Leben nie mehr das was es sein könnte Ich bin die letzten 10 Meter gelaufen, habe Ihn gefragt, was Ihn bewegte und ob er es sich hätte ausmalen können, was gewesen wäre, wenn ich mich an besagten Tage vor den Zug geschmissen hätte oder mir Steine an den Fuß gekettet hätte um nicht mehr aufzutauchen. Die Angst vor der Antwort war groß, niemals war etwas größer, als diese Angst vor dieser Antwort.

Er sagte, dass das Leben hart sei und ihm es egal gewesen wäre. Sollte ich nun wegrennen oder weinen, weil genau das die Antwort war, welche mich Jahrelang geplagt hatte. Ich stand fest, ich hatte den Boden unter mir mit dem Bewusst sein, auch das geschafft zu haben. Nun kann jede Absage kommen, jede Freundschaft zu Bruch gehen, ich kann mir sogar das Kreuzband reißen, es stört mich nicht, da ich es geschafft hatte, was mir viele sagten, frag Ihn was ihn bewegte. Er wies viele Schuld von sich, ohne auch nur ein Haar zu zucken und doch war es so, als sitze ich mit Ihm in der Stube und trank ein Bier. Ich konnte nicht böse sein, ich wusste, er war kein unbeschriebenes Blatt, und doch wusste ich, alles was er sagte, war die bittere Wahrheit.

Wir gaben uns am Ende wenigstens die Hand, obwohl er selbst von dritter Hand wusste, dass ich dieses Buch schreibe.. Woher er dies weiß, will ich gar nicht wissen, es interessiert mich nicht, da alles Geschichte ist, da ich dazu stehe und vor allem, weil ich hier stehe, auf der Welt mit wichtigen Menschen und ohne Kummer. Wichtig war mir nur die Erkenntnis was zu hören, seine Stimme nach 2 Jahren... Antworten auf Fragen, welche mich plagten und helfen abzuschalten, durch die Stadt zu gehen, mir den Mund abzuwischen und weiter zu machen. Danke dir für deine Worte! Du bist ab genau diesem Zeitpunkt Geschichte und endlich habe ich verstanden, wer du bist, wie du lebst und was in dir vorging. Und als du mich fragtest, ob ich dieses Buch offiziell mache, habe ich gezögert, aber ich stehe ja dazu zu dem was war und werde es immer tun. Arsene Wenger sagte zu seinen Spielern: Come back stronger! (Kommt stärker zurück!) und ich bin es, stärker als je zuvor, erfolgreicher als die letzten 3 Jahre und auch glücklich über das was ich besitze. Ich habe

mit dir gesprochen, endlich aber längst nicht zu spät
Warum aber sollte ich Ihn schlagen, wenn man nur zwei Sätze hören will, um zu wissen was war? Du bist ein Teufel, dass weiß ich, aber was ich auch weiß, ist das du mir geholfen hast, genau heute, 2 Jahre später, ohne das du es weist, ich bin stark, obwohl ich gerade Tränen in den Augen habe, das zeigt nicht meine körperliche Angriffsfläche, nein es zeigt zu wem ich geworden bin und der Gedanke das du jetzt alleine bist, dir nur eine Handvoll Menschen wichtig sind, erfüllt mich mit noch mehr stolz.. Ich habe mehr als 5 Personen denen ich wichtig bin und sie mir, jeder einzelne würde sein Leben für meines geben.

Naja wenigstens kann ich meiner Angst jetzt mal Hallo sagen, nicht mehr mit Angst geplagt, keine Wut im Blut vorhanden, sondern einfach nur gesprüht voller Lebenslust, mit der Gewissheit, niemanden Rechenschaft schuldig zu sein und niemanden etwas zu fragen, was mir Schmerzen gab.

Aber doch weiß ich das es mich noch Jahre beschäftigen wird, bis ich dieses Buch bis zum letzten Tintenfleckmeines Computers ausgeleert sein würde Ich steh dazu und liebe mein Leben, in guten, wie in schlechten Tagen, mein Gott.

Dazu stehen ist ein Muss

Das vielleicht schwierigste Thema in meinem Buch bzw. Mit dieser Krankheit umzugehen ist dazu zu stehen, wenn andere über das Thema reden nicht einfach scheinheilig nebenher zu stehen und zu grinsen, dabei auch noch wegzuschauen, nein eindeutig der falsche Weg. Auch ich habe lange Zeit ein Tor vor meinen Mund geschoben, mein Mund gehalten, weggeschaut, weil ich nicht eingestehen wollte, wer ich nun wirklich bin. Schon ein Riesen Fehler. Was bringt es einen alles zu verleugnen? Ausreden zu erfinden, wo man wochenlang gesteckt hat, so tun als ob man von diesem Thema keine Ahnung besitzt, obwohl man es wohl besser beschreiben kann, als tausend Autoren und Professoren zusammen und wegzuschauen, wenn andere diesen selben Fehler begehen und man nicht helfen kann, da alles geheim bleiben sollte? Mir hat es nicht mal im Ansatz geholfen, es hat alles nur noch schlimmer gemacht. Hätte ich eher was gesagt, was mich noch plagt, was meinen Notenabstieg zu folge hatte oder wäre ehrlich gegenüber meiner Mitmenschen gewesen, dann hätte ich mir ersparen können, Freunde zu verlieren und Menschen zu hassen, welche eigentlich mein größter Halt sein sollten. Hätte ich es nicht einer Hand voll Leute erzählt, wo ich war, wo ich im Leben stehe, hätte es keiner dieser Personen weiter sagen können, was schlussendlich passiert ist. Klar würden jetzt alle sagen, „Marco, er ist ein falscher Freund, wie konntest du Ihm das erzählen?", aber eines ist klar! Hätte ich sofort mit offenen Mitteln gehandelt, der Welt preisgegeben, das ich in der Psychiatrie saß, wochenlang, dann hätte es jemand anderes erzählt und es hätte mich nicht interessiert. Natürlich hat es in dem Fall auf der einen Seite geholfen, festzustellen, wer mein Freund ist, wer seinen Mund halten kann, obwohl er es nicht müsse, aber auch wenn mein bester Junge, meine Familie oder meine Kameraden alles so detailgetreu weiter plauderten, wie ich es Ihnen tat, war das doch Grund sie gehen zu lassen, sie haben mein Vertrauen missbraucht, korrekt, aber sie waren da, egal was war.

Egal auf wen ich gebaut hatte, die Hand voller Leute, welche es wussten waren da, auch Leute von denen ich es im ersten Moment nicht gedacht hätte, Freunde, die Schule und Arbeit hintenan stellten, um mein Leben wieder auf die Bahn zu bekommen. Was ich damit sagen möchte ist einfach nur, dass ich, wenn ich ehrlich gewesen wäre, von Anfang an in der Schule zu der Thematik ähnliches gesagt hätte, bei Fragen auch gesagt hätte, ich war dort, ich steh dazu, dann wäre es doch einfacher gewesen. Nun habe ich vieles verleugnet, schreibe nun mein Buch, gehe damit 2 Jahre später in die Öffentlichkeit, habe den Kontakt mit Leuten, welche damals der Grund für das waren, was passiert war,

abgebrochen und kein Wort mehr gewechselt.
Es standen viele da und sagten „Marco, du warst doch eingewiesen, bist ja wieder da, war es nicht toll dort?" Ein Spruch, wofür ich hätte jedem in die Tonne stecken können, noch einen kurzen Blick drauf werfen müssen und die Person anzuspucken, das hätte ich machen können, aber nein, vor vielen habe ich gesagt es war nicht so, die Meldung als falsch geleugnet, obwohl jeder wusste, in welcher Situation ich steckte. Im Nachhinein habe ich mir immer wieder gedacht, im Kopf, was gewesen wäre, wenn ich ehrlich gewesen wäre, einfach gelacht hätte und gepredigt hätte, dass ich da war und mir hab helfen lassen. Aber ich heule jetzt mal nicht weiter, warum auch, ich schreibe dieses Buch, mit Personen die ich kennenlerne, oder ewig nicht mehr sah und mich fragten, was ich in meiner Vergangenheit getrieben hatte, die schaue ich nur an und bin ehrlich, stehe dazu und nehme kein Mitleid an, denn dieses brauche ich nicht mehr, denn keiner kann mir so helfen, wie ich es selbst tu.
Zuspruch tut gut, es gibt eigentlich nichts besseres,

aber warum auf die Kontra-Seite hoffen, wenn man es selbst nicht möchte, wenn die Pro-Seite einen weiterhelfen sollte, aber dies nicht tut? Ein einziger Blick in den Spiegel genügt, um sich zu hinterfragen, ob man immer lügen möchte und sich versteifen sollte, nicht mehr ein Selbst sein und vor allem, wenn es dir schlecht geht, deine Psyche wieder verrückt spielt, keiner weiß, was dich belastet, will man das? Dieses Leben als Musterbeispiel nutzen und sagen, darauf ist man Stolz! Mein Wunsch war es nie, klar am Anfang wie ich bestätigte, aber nun steh ich zu allen was war, warum denn auch nicht? Wer soll mich denn auslachen, wer sollte hinter dem Rücken dieses Gerücht verbreiten, wenn ich es doch selbst preisgebe und niemand lachen wird, da dieses Thema um den Tod geht, welchen man schon selbst in den Augen geblickt hatte? Ich bin ich und versteife mich nicht auf jemanden zu sein, welcher man nicht ist. Aus diesem Grund schreibe ich nun auch in jede Bewerbung, in jedem Gespräch mit Partnern, dass ich ein Problem mit mir selbst hatte, von Psychiatrie muss ja zweifelsohne nicht die Rede sein, aber bei einer Frage, bin ich zur stelle und stehe gerade, mache den Kopf nach oben und reiße mich zusammen. Der erste Schritt, mit der Depression zu leben, damit umzugehen, ist sich dem zu stellen, was einen innerlich beschäftigt, wie bei mir das Reden der anderen. Es hilft, zu lachen und darüber zu reden, wo man war, um anderen zu helfen, verbreiten können sie wie gesagt ja nichts mehr, da du dies ja selbst tust. Wie ich schon sagte, ich habe auch lange gebraucht, um dies zu verstehen und zu kapieren, aber nun schreibe ich dieses Buch, stehe in der Öffentlichkeit zu meiner Krankheit und bin ich, der wie ich bin, mit einer Krankheit im Kopf, aber ein Herz aus Gold!

Angst hat man vor dem Kniezittern

Menschen sind doch dafür geboren, Ängste zu entwickeln. Manche Ängste sind begründet, manche wiederum aber nicht. Personen haben Angst vor

Tieren, vor bösen Menschen und manche auch vor. den eigenen Körper! So eine Person bin leider ich. Ich war es nicht, aber ich habe diese Angst im Laufe meiner Krankheit entwickelt, ohne wirklich zu erfahren, warum es dazu kam oder das ich diese Angst wirklich entwickelt habe. Über eine Depression zu reden mag für viele Menschen ein Tabu-Thema darstellen, aber das ist es für mich und für viele andere, welche diese Krankheit begleiten sollten, nicht mehr! Man redet genüsslich darüber, was der Kopf einen einreden wollte und wie man damit umgehen kann, immerhin ist reden ja auch die bestmögliche Alternative, den Schmerz zu bewältigen. Aber was ist? Wenn man Angst davor hat, wie der Körper bei diesem Gesprächsthema reagiert? Mit dieser Frage habe ich mich im Laufe der Zeit lange auseinandergesetzt, im positiven, als auch im negativen Sinne habe ich mir vor Augen geführt, wie ich darüber reden kann und ob mein Körper dabei eine gewisse Schutzschicht entwickelt oder doch eher nicht. Man beginnt zu schwitzen, überall läuft das Wasser herunter und man ist drauf und dran in Tränen auszubrechen, vom Thema zu fliehen und nie wieder anstechen zu wollen. Deine Beine werden weich, zittern tun Sie dafür und man fühlt sich gar so, als könne man nicht mehr aufstehen, nicht mehr laufen, gelähmt im eigenen Körper. Der Kopf und der Körper sind nicht mehr eins, es ist als gäbe es in dieser Situation zwei Charaktere, die das Geschäft bestimmen, der Verstand und der Körper. Diese Sache habe ich intensiv erforscht und dabei ist mir diese Schutzreaktion des menschlichen Daseins aufgefallen. Dabei aber aufhören zu reden? Nein Leute, daran habe ich im Traum nicht gedacht. Warum aber nicht, wenn man Angst vor der Reaktion hat? Ganz einfach! Ich persönlich denke mir, dass es von Gespräch zu Gespräch einfacher wird, den Körper und seine einzelnen Fassetten zu kontrollieren, zu pflegen und zu intensivieren. Es belebt doch auch irgendwie den Menschen, obwohl es diesen wahrlich nicht auffallen möchte. Ich habe immer noch Angst diesen Fehler zu begehen. Angst das Gespräch in eine tiefere Ebene zu bringen, da mein Gegenüber niemals wissen kann, was dieses Thema mit mir macht und sich dann fragen wird, was mit mir los ist? Diese Frage macht mir Angst, weil ich keine Antwort darauf gefunden habe, manche brechen gar das Gespräch ab, wenn sie merken, wie es mich verändert und eventuell auch kränkt, was aus mir gemacht wurde. Angst vor dem Kniezittern beschreibt einfach, wie hart die Muskeln auf einen einwirken, ohne das man dies Steuern kann, lenken schon gar nicht. In einem Traum sah ich mich schon einmal auf den Gleichen, mit mir selber habe ich über dieses Thema geredet und war ebenso perplex, wie im echten Leben. Der Zug kam und erfasste mich und ich war wach, konnte nicht aufstehen und mich von diesem Leid nicht befreien. Dazu muss ich aber sagen,

dass es nach der Zeit meiner Therapie in der Anstalt war. Persönlich waren keine Gedanken von Selbstmord enthalten, aber dieser Traum hat wahrlich gezeigt, das egal wo, wann, wie man über dieses Thema spricht, die Blockade hinauf gezogen wird, und man nicht entfliehen kann. Natürlich aber werde ich nicht auf den Gleisen Platz nehmen und mit Freunden oder Fremden über meine Depression und dieser Zeit sprechen, ich bin doch nicht lebensmüde, aber eines weiß ich, wenn man Angst hat, sein Körper reagiert nicht, dann muss man Hart arbeiten, mehr darüber reden und jede Reaktion nutzen, es kann immerhin nur einer in dieser Situation dir helfen, das bist du selber! Auch drei Jahre später zittere ich bei intensiven Gesprächen über dieses Thema und verstecke mich damit nicht, bin ehrlich und schildere meine Situation und mein empfinden, jemanden so gegenüber zu treten. Das Leben war immerhin noch nie leicht, das habe selbst ich bemerkt, aber es ist härter, wenn man sich nicht bewegen kann und fertig mit dem ist, was einen immer hilft, das Sprechen!

Angst ein Leben zerstört zu haben

Mir flattert der Arsch bei den Gedanken, was ich einem harmlosen Menschen aus meiner Klasse angetan habe und verbinde diese Zeit und diese Taten mit Abscheulichkeit und Hass mir gegenüber. In meiner Klasse war ein Junge, dessen Leben ich vielleicht zerstört haben könnte. Dieser Gedanke macht mich traurig und hat auch mich eine Zeitlang kaputt gespielt. Es handelt sich um einen harmlosen Nachbarsjungen, vor Jahren ein guter Freund von mir.

Er wurde von seiner Mutter kaum beachtet und großgezogen von seinen Großeltern. Ich zeigte großes Mitgefühl als seine Großeltern auch noch verstarben und auch wenn ich es jetzt schreibe, und von vielen Personen danach verachtet werde, dann habe ich es auch verdient, aber ich muss es einfach schreiben, weil es auch Teil einer Depression zumindest von meiner ist. Dieser Junge hatte zum Beispiel eine jämmerlichen Geruch und ich habe Lieder über sein Gestank geliefert, praktisch das, wovor ich mich selbst gefürchtet hatte, habe ich auch getan, jemanden schikaniert und vielleicht auch gemobbt. Ja es wäre falsch mich nur immer als Opfer darzustellen, obwohl es gar nicht so ist. Zu einer Klassenfahrt war er duschen und ich wurde an gestichelt (von meinen Widersacher) mich unter die Dusche zu dem Jungen zu stellen, einfach die Reaktion abwarten und ich war auch noch so naiv und habe es getan. Zudem haben wir noch andere Dinge getan (keine Sorge nicht Misshandelt oder ähnliches, da ich so was sowieso verabscheue). Er wurde auch zu einer anderen Fahrt durch das Zimmer geschleudert, nicht von mir, aber von anderen und ich saß daneben, habe nichts getan und dann, als seine Großeltern starben habe ich Ihn nicht geholfen, ich hätte doch da sein sollen und betteln müssen das er mir verzeiht, immerhin hat er mir nie was getan und aus diesem Grund hatte ich ein, zwei Jahre nach dem Schulabschluss wieder Kontakt zu Ihm aufgenommen, seine Ausbildung hat er auch abgebrochen und war mit Leuten unterwegs, die es nicht würdig sind, mit diesem Jungen unterwegs zu sein. Es schien alles gut zu laufen, er war mit mir unterwegs, kein Mist gebaut, seine Schüttelfrisur hat er abgelegt und wurde zu seinem Attraktiven jungen Mann. Es schien alles nach Plan zu laufen, sein Leben war wieder gefunden, war wieder ein Erfolg und er hatte eine Freundin, die für Ihn wirklich das Beste war, was ich gesehen habe, ein toller Einfluss eben. Doch als diese Beziehung vorbei war, brach er wieder ein. Ungepflegtheit, Drogen und seine neuen Freundinnen waren mehr als fünf bis sechs Jahre jünger als er. Sein Ruf war dementsprechend auch nicht berauschend, aber warum habe ich nicht alles getan um Ihn zu retten? Warum fühle ich mich so schuldig, weil ich denke, wenn ich all dies nicht getan hätte in der Schule, dann wäre er jetzt normal und hätte alles gemeistert? Eine Frage wo ich gerade wieder zittere, denn wenn Ihn was passiert, er stirbt oder noch mehr abrutscht, dann fühle ich mich verantwortlich. Es macht das alles wahrscheinlich doch nicht besser, wenn ich darüber nachdenke, aber ich muss es leider fast Tag für Tag machen, weil er so ein Leben nicht verdient hatte. Warum aber habe ich mich dazu anstecken lassen, Ihn so bloßzustellen, alles zu machen, was ich nicht sollte und vor allem, warum bin ich jetzt zu ängstlich, um Ihn endgültig zu helfen? Fragen über Fragen ohne Antworten. Und schon wenn ich immer daran denken muss, durfte ich mir beim Gespräch mit dem Drahtzieher aus meiner ehemaligen Klasse erfahren, dass ich all dies verdient hatte, meine Psyche, weil das was ich mit diesem Jungen tat, in keinster Weise besser war. Das sagte er mir, obwohl er nicht unbeteiligt war, aber mein Gott, ich schiebe meine Schuld jetzt nicht wieder weg. Ich weiß einfach, wenn er jetzt Mist baut oder einen Unfall hat, wegen seines Umgangs, dann bin ich Mitschuld und damit muss ich leben. Ich war naiv und wusste nicht wohin so etwas führen konnte, ich hab es bei mir ja selbst nicht geahnt. Ich kann schlussendlich einfach nur noch Entschuldigung sagen, verzeih mir bitte, falls du das liest, aber auch an alle anderen, welche mich jetzt für Abscheulich halten, dann tut dies, macht mir am Besten noch mehr Vorwürfe, ich kann damit doch selbst nicht Leben und sehe so alles ein, was ich tat.

Es tut mir leid, mein Freund, ich werde dich retten!

Das Schicksal hätte ich verändern können

Man denkt es doch immer und immer wieder.
Die Zukunft liegt vor uns und alle wir, wie wir da stehen, haben die Chance, was aus Ihrem Leben zu machen, zu fördern und auch, ein Leben zu genießen.
Natürlich habe ich in meinem Leben auch schon viele Leute kennengelernt, mit vielen Leuten gesprochen und eine Menge davon habe ich bestärkt in dem, was Sie für Ihr Schicksal hielten. Mit manchen Menschen war es wie eine Bilderbuchfreundschaft! Ich lernte Sie in der Schule kennen, es entwickelte sich Beste Freundschaft und alles war doch schön im Leben, bis doch alles eine Wendung nahm. Ich werde, wie gewohnt, keine Namen hier in den Mund nehmen,

aber doch sind es Menschen, die mein Leben zu einer wunderbaren Momentaufnahme gemacht hatten, ohne das wir es damals wussten. Ich selbst hatte keine psychischen Probleme zu dieser Zeit, zumindest habe ich diese nicht wahrgenommen. Meine Freunde, wie ich sie zu diesem Zeitpunkt noch nannte waren normal, wie sollte man es auch anders beschreiben, wenn man sie als tolle Menschen bewunderte.

Mit einem Schlag aber, war es vorbei! Ich kann selbst nicht mal erklären, warum dies passiert ist, oder warum sich unsere Wege trennten, aber eines weiß ich doch genau, es war Ihr großer Fehler. Einer im Bunde ging auf die Oberschule, ließ mich allein, kein Kontakt mehr später und er hat es nicht mehr geschafft, kam auf meine Schule und hat schlussendlich seine Drogenlaufbahn durchlaufen. Ich verstehe bis heute immer noch nicht, warum man sich mit diesem Zeugs anfreunden muss, zumal ich einfach schön gefunden hätte, wenn sie bei mir gewesen wären. Vielleicht hätte ich dann all diese Probleme nicht gehabt, hätte ja auch andere Menschen nicht kennengelernt oder vielleicht wäre ich auch mit auf diese Bahn gefahren, aber seien wir doch mal alle ehrlich, sie hatten alle die Wahl und sie haben sich die große Chance, den Besten Freund der Welt zu haben, eine Zukunft mit großen Ausblick zu haben, alles haben sie sich selbst verwehrt. Doch leider macht man sich im Leben immer mal solche Gedanken. Warum habe ich diesen Personen nicht geholfen, den Übergang zu schaffen, ich war nicht oft genug da. Ich weiß, ich hätte vieles auch nicht verhindern können, aber was wäre wenn? Ich mache mir leider oft Gedanken darüber, wie ich Personen hätte helfen können, ohne das ich selbst Rücksicht auf mich genommen hätte. Selbst weiß ich, dass es falsch ist, was ich mir immer für Gedanken im Kopf beschenke, aber ich tu es, weil mir andere Menschen schon immer wichtiger waren, als ich mir selber.

Der andere ist leider auch nach einiger Zeit mit Drogen konfrontiert worden. Man Ihr müsst euch doch denken, was hat der denn nur im Junkies zu tun?

Aber so ist es ja nicht! Wären Sie bei mir geblieben, so wie es meine Freunde jetzt tun, dann bleiben sie auf der richtigen Bahn, keine Drogen, sondern Arbeit! Kein Gelaber, sondern positive Ausstrahlung, die sie verspüren. Das war das, was auf sie gewartet hätte. Ich denke nämlich, ich bin der perfekte Freund, bei dem so etwas nicht passieren kann, da ich der gesunde Mix aus dummen Gefasel und ernsthafter Miene bin. Ich denke, im Leben ist es nicht einfach diese Bindung zu erfüllen, da eine Sache ja dauerhaft überwiegt, aber ich bin immer Ich geblieben, bei Freunden und denke aus diesem Grund, hätte das alles nicht passieren dürfen. Selbst wenn sie auf die falsche Bahn geraten, warum bin ich dann nicht gleich am Anfang zu ihnen gegangen und habe sie gerettet, herausgeholt von all dem Drama in der Zukunft. Natürlich aber bedeutet das nicht gleich, dass ich Gott persönlich bin oder der größter Kämpfer aller Zeiten, aber wenn ich gewusst hätte, Ich kann Ihnen helfen, dann wäre mein wahres Ich zur Geltung gekommen und ich hätte alles dafür gegeben, um meine Freundschaften zu bewahren und mein Selbstbewusstsein zu stärken. Auf jeden Fall war es kein Auslöser meiner Krankheit, aber man macht sich ja schon einige Gedanken darüber, wie es gewesen wäre, wenn sie noch ein Teil von mir wären und nicht den Drogen entsunken wären.

„Leben bedeutet nicht gleich leben – leben bedeutet seine eigene Geschichte in das Leben zu binden."

Das Auge des Tigers

Ich muss auch wieder darüber berichten, wie nah ich im Endeffekt doch dem Tod stand. Eigentlich war dieses Gefühl der Leere und der Einsamkeit auch mein Bester Freund, ohne das ich es wollte. Kennt ihr das, wenn ihr im Zoo in das Gehege schaut und einen Tiger in die Augen schaut, genau so ist es! Mein Körper war mit Angst und Elend gesegnet, sogleich aber auch mit Faszination über das was man sieht. Aber man sieht doch nur seinen Tod, nichts anderes, alles ist schlecht im Leben, dein Leben ist kein Geschenk, sondern du bist ein Niemand. Das alles sieht man, wenn man in das Auge des Tigers blickt. Vor allem aber geht alles so schnell. Man verschwendet keinen zweiten Gedanken an positive Seiten, sondern der erste Gedanke ist Negativ, der zweite ist Negativ und der dritte und womöglich letzte, ist Negativ. Es ist ein schwarzes Loch wo man gar nicht mehr rauskommen kann und dieses Licht von Sonne und Leben nicht mehr erblicken kann. Ich meine, meine Freunde waren nicht so sehr Freunde in dieser Zeit, wie der Tod. Nein kein Roy, Robin und co. , sondern nur der Tiger, das Auge, der Tod ist einfach da.

Und auch wenn man es nicht möchte, oder dein Körper dir innerlich doch sagt, was das richtige ist, wird dein Kopf immer wieder an diesen Zug, oder dieses Auge denken, was er mit der Dunkelheit in deinem Körper verbindet. Genau aus diesem Grund ist der Kopf mit dem Körper verbunden, damit beide genau das Selbe zu dir sagen, wie du es hören möchtest. Ich wollte nur noch den Tod hören und hörte nur noch Ihn, bis kurz vor dem Ende bis ich gerettet wurde.

Denn lange hätte es nicht mehr gedauert! Mein erster Versuch (späterer Artikel) hat nicht funktioniert, da es physikalisch gar nicht geht, aber sich vor einem Zug schmeißen würde funktionieren, man wäre Tod, kein Schmerz würde man spüren und niemanden würde dich erkennen, wenn ich zerquetscht und zerplatzt in den Gleisgängen liegst, das wäre doch der Wunsch gewesen. Warum ich aber so gedacht habe, kann ich leider nicht beurteilen, immerhin möchte ich jetzt wieder Leben, wieder tanzen, wieder spielen, einfach wieder hier sitzen und lächeln, das möchte ich und nicht einen Löwen oder Tiger anschauen und denken müssen, nun ist alles vorbei, ich werde sterben, ich werde eingeholt von Problemen und kann leider nichts anderes tun, als warten und hoffen, das alles bald ein Ende findet, auf welchen Weg auch immer. Es ist egal ob Tod oder Lebendig, mein Leben ist ein Schotterhaufen, genau das ist doch das Problem gewesen. Nur nun sitze ich hier und schildere, wie schlimm es ist, einem Tier in die Augen zu schauen, doch ändern kann man nun nichts mehr, außer den ernst der Lage erkennen, in dem ich gesteckt habe.

Kapitel 3

Ein Boden kann auch mal hart sein

Ein Boden ist doch wichtig, um seinen Halt zu finden und das alles in Bewegung zu versetzen, was man möchte. Dieser Boden war bei mir aber nicht immer ein Ort, wo man stehen und laufen konnte, sondern ein harter Brocken, mit dem ich leben musste, aber was doch nicht so einfach war. In diesem Kapitel, Liebe Leser, werde ich euch aufzeigen, was ich für Fehler getan habe und wie ich gemerkt hatte, das das Leben nicht mehr mein eigenes ist, sondern der von Satan gesteuerte Abgrund. Ein Boden kann auch mal hart sein soll symbolisieren, wie es ist, wenn man liegt und nicht mehr aufstehen kann, weil der Boden zu hart war und du Schmerzen und Narben überall am Körper hast, wenn du diesen mit deinem Gesicht berührst. Das Licht ersehnt zeigt doch, das der Boden mit zu dunklen Seite gehört und nicht zu der Licht-Seite, welche ich damals doch vermisst habe. Wenn man nicht mehr weiter weiß, wie ich in diesem Kapitel beschreibe, dann hat man einfach nur noch Angst, über diese Momente nachzudenken, in denen ich mich schlecht fühle und nicht mehr an mich selbst denken vermag. Der „Boden", auf dem man leider landet, wenn das Leben schlecht verläuft ist wirklich so verheerend, dass man nicht mehr aufstehen kann. Man setzt wieder ein Fuß nach oben, blickt in den Himmel, und merkt doch, das die Schattenseiten überwiegen, du nicht mehr leben willst und wieder auf dem Boden aufkommst, auf dem Boden der Tatsachen oder auch auf dem Boden der Handlungen, welche uns umgeben und fast vernichtet hätten. Ich wollte nie das mein Boden hart ist und das ich nicht mehr aufstehen konnte, aber doch habe ich Ihn kennengelernt! In welchen Teilen meines Lebens bewusst den Boden wählen musste, werdet Ihr den den nachfolgenden Artikeln herausfinden.

Der Plan ging niemals auf

Mein Plan war es einmal erfolgreich den Sternenhimmel zu erflücken, getarnt mit dem Blick in die Unendlichen Meere zu werfen und auf der Suche nach Glück immer die Richtige Entscheidung zu treffen. Mein Plan war doch eigentlich ganz simple, coole Freunde, ein Business-Mann in Person zu sein, eine eigene Geschäftsidee umzusetzen und im Leben einen Schritt nach den anderen nach vorne zu gehen. Auch hat man doch immer zur Neujahres-Feier im Club mit Freunden seine Zettel ausgewertet,
was man im Leben verändern möchte und welchen Plan man wieder einmal geschmiedet hat. (Ja ich weiß, dass klingt ein wenig kitschig) Traurig ist es aber erst dann, wenn man den vorgenommenen Plan niemals einhalten kann. Man wie oft habe ich damals gesagt, ich nehme jemanden mit nach Hause, oder finde jetzt das richtige Mädchen und doch hat es nicht geklappt, selbst bei den größten Versuchen.

Selbstbewusstsein hat vielleicht gefehlt, vielleicht aber auch die Art meinen Plan umzusetzen war falsch! Heute weiß ich doch, dass ich einfach ich sein muss. Wenn jemand fragt, was ich gerne mache, wie ich im Leben stehe, oder was ich noch vor habe, lüge oder verstelle ich mich einfach nicht mehr, für niemanden. Und auch wenn ich wieder in der Schule vor habe, mehr Initiative zu zeigen und viel zu lernen, werde ich auch diesen Plan nicht einhalten, er wird nicht aufgehen, weil ich es bisher nie geschafft habe. Natürlich weiß auch ich nicht, ob mal ein Plan funktioniert, das Leben ist lang, auch wenn ich es erst merken musste, aber auch das wird schon kein Problem darstellen. Was hat das aber mit der Krankheit zu tun, würde ich mich selbst sogar fragen, aber der Schlüssel der Antwort ist sehr einfach. Wenn man sich was tief und fest vornimmt, dann schafft man dies auch, weil man alles daran setzt, es zu verwirklichen, weil es egal ist, was andere zu deinem Vorsatz sagen, es ist einfach nur ein wunderbares Gefühl, alles erdenkliche getan zu haben, um du selbst zu sein.

Und doch, wenn jeder einzelne Plan von Tag zu Tag gescheitert ist, habe ich wieder den Gedanken gepflegt, nicht alles in Hebel gesetzt zu haben, um dieses Ziel zu erreichen. Ich weiß leider nicht, ob ich einfach zu schwach war, oder ich nicht wusste, was das Richtige war, Fakt ist aber, ich habe aufgegeben und mich neuen Vorsätzen gewidmet, bevor Letztere verpufft ist. Aufgeben war nie meine Stärke, aber es war zu dieser Zeit das Einzige, was in meinem Kopf gestimmt hat. Warum mit Sachen aufhalten, die ich eh nicht verhindern kann? Das war die Frage, des Gefühles. Wie oft habe ich mir vorgenommen, mich wohltätig zu engagieren? Wie oft wollte ich wieder mal nach London fliegen? Wie lange wollte ich schon mit diesem Buch fertig sein? Alles fragen, die keiner außer ich beantworten kann und sagen würde,es würde sich doch nun lohnen, darum zu kämpfen. Selbstvertrauen, welches mir damals genommen wurde, welches ich erst wieder Lernen musste, zu haben und vor allem auch die Lust,
auf ein mega geiles Gefühl,

dass man alles getan hat. Es ist doch so was von egal, ob man es dann bekommt, was man wollte oder nicht, das ist Nebensache, wichtig ist nur was du danach sagen kannst. Was hört sich denn besser an? Dass man alles getan hat, es aber leider nicht geklappt hat oder dass man aufgegeben hatte, weil im Leben sowieso nicht vieles funktioniert? Ich würde eher ersteres wählen. Doch es war wahrlich damals ein Fehler, Vorsätze ohne Bedacht zu wählen, grausam anzusehen, wie dein Körper Plan für Plan nach hinten schaut und sich hinterfragen muss, was er wieder falsch gemacht hat und keine Antwort zu bekommen, da man diese sich nur selber geben kann. Ein Plan ist da um zu beißen, nicht immer um zu gewinnen, aber das sollte im Leben auch nicht der Einzige Brocken sein, den man als sinnvoll erdenkt. Das Leben ist zu wertvoll, um aus den Augen zu verlieren, was man unbedingt will. Damals war mein Leben nicht so sinnvoll um diese Frage zu beantworten und immer wenn mich jetzt einer fragt, was ich möchte, dann analysiere ist erst einmal, was ich dafür geben muss und kann, bevor ich kämpfe! Damals wäre ich direkt in Richtung Ziel gerannt und hängen geblieben, zum Boden geworfen geworden, aufgestanden, aber mit hängenden Kopf in die andere Richtung gegangen und auf den nächsten Plan gewartet, das war ich, leider damals.

Specialist in failure

Menschen werden diese Wortgruppe jetzt mit der Äußerung von Jòse Mourinho gegenüber Arsene Wenger verbinden, aber so soll es wahrlich nicht sein. Es sind tausend Worte, die auf einen hereinrieseln, nur wegen eines Fehlers, welchen jeden passieren kann. Einst sagte mein guter Freund Roy zu mir:"
Alle machen was falsch, aber wenn es uns passiert, haben sie einen Sündenbock gefunden." Einen Nagel hat es derart auf dem Punkt getroffen, da es mir immer dieses Gefühl von Leere und Einsamkeit vermittelt. Auf Arbeit macht doch jeder Fehler,

beim Fußball ebenso und erst recht auch mal mit einem unüberlegtem Kommentar gegenüber seiner Freundin oder Familie, wie gesagt jeder!

ABER wenn ich was falsch gemacht oder gesagt hatte, war es immer noch schlimmer als bei den anderen, dies sagte mein inneres Gefühl und mein Kopf. Man muss sich ja leider eingestehen, dass Fehler dazugehören, obwohl es doch keiner möchte. Macht man tausend Sachen richtig und eine Sache falsch, wird man sich doch immer an die negative Sache erinnern, leider, aber wahr. Ich betone das Wort scheitern in meiner Überschrift, weil immer diese innere Unruhe herrscht, wenn man das Wort scheitern in den Mund nimmt.. Ist doch kein Wunder, warum man dann nur noch von Gleisen träumt, immer alles wie ein Film an sich vorbei laufen sieht. Mehr als 50 Bewerbungen habe ich abgeschickt, sogar beim Probearbeiten wurde ich abgewiesen, mehrere Monate ohne Tor beim Fußball oder sogar Arsenal verliert ständig Die meisten Personen würden sich nun den Mund abputzen, sich gerade machen und wieder auf die Straße gehen, geradeaus laufen und wissen, dass alles was falsch gemacht wurde, irgendwann besser werden, selbst ohne viel dafür tun zu müssen. Aber das war nicht ich, ein Versager, wenn es darum geht, etwas richtig zu machen, gerade zu dieser Zeit.

Das warten auf den Sturm

Eine harte Zeit in meinem Leben, nein das Wort eine ist Fehl am Platz, denn es war die härteste Zeit in meinen Leben, würde ich es sagen, wenn mich Leute auf meine Krankheit und meinem Besuch in der Psychiatrie ansprechen. Aber genau das ist es doch, was mich stärker macht. Come back stronger, sagten Sport-Fans, wenn ein Spieler verletzungsbedingt Monate pausieren muss, und genau das trifft auf mich zu. Ich bin als schwache Person eingeliefert worden und bin jetzt so stark, wie je zuvor.

„Das Leben ist wie Feuer und Wasser! Während das Feuer sinnbildlich für Tod, Hass und Schmerz steht, steht Wasser für ewigen Fluss des Lebens, sowie Hoffnung einer einsamen Seele." Jetzt zwei Jahre später weiß ich genau, dass es die richtige Entscheidung war, immer das Wasser in meiner Entscheidung zu wählen und nicht die bittere Pille des Todes geschluckt zu haben. Eigentlich könnte ich schon jetzt stolz auf mich sein, wenn ich nicht wüsste, dass dies nur der Anfang einer Stelle ist, welche ich auf unbekannte Weise noch hunderte, nein tausende male im Leben durchkreuzen werde. Wer will schon auf Dauer im Leben stehen, ohne auch nur im Ansatz in das angesprochene Wasser zu tauchen, zu schwimmen bis in die Ewigkeit, wenn man schon so nah am Feuer war, dass das Wasser es nicht hätte stillen können Ich bin zwar ein Wassertier, mag ich jetzt einfach mal sagen, aber zu warten, immer wieder auf das Lot des Feuers ist doch schlimmer, als jegliche Bauch –oder Kopfschmerzen, die dich umgeben haben.

Ich habe den Titel dieses Artikels bewusst gewählt, damit jeder da draußen versteht, wie hart es ist zu wissen, dass etwas passiert, nur nicht Was, wann, sowie der Ort des Geschehens. Denkt doch mal an einen Sturm, ihr wisst er kommt, aber könnt euer Leben nicht nur darauf fokussieren, den einen Tag wartet man, es geschieht nichts, den anderen Tag widerfährt es euch wieder nicht und man wartet trotzdem weiter, aber das Leben kann man nicht einstellen, niemals, sonst siegt eure kalte Seele über euren Körner, wie der Sturm über das Feld.

Man war das wieder eine Metapher seines gleichen, dafür zahle ich sogar gerne 3 Euro in das Phrasenschwein Aber nun zurück zum Thema, welches mich niemals im Leben mehr kalt lassen wird. das Warten! In vielen Situationen meines Lebens stehe ich dazu, was mir widerfahren ist und wie Personen des öffentlichen Lebens damit umgehen müssen, damit sie mein inneres Ich akzeptieren können Was aber die komplette Sache so schwierig gestaltet, verstehen leider nur die wenigsten,

nämlich keiner weiß wann ich wieder einen Blackout habe, meine Begriffe nicht zügeln kann, mein Wasser aus den Augen fließt oder ich körperlich anwesend, aber seelisch in einem Tal bin, umgeben von Bergen, wo man niemals weiß, wo man das Tal am besten überwinden kann. Mein Leben ist schwierig, riskant kann man sogar dazu sagen, denn das Leben macht mich fertig, zu jeder Sekunde, gerade jetzt, weil ich nicht weiß, ob dieser „Sturm" heute noch kommt, oder morgen, oder nächste Woche, es macht einen verrückt! Und wenn man dann beim Fußball nur 5 Minuten spielt, wenn man wieder eine Absage für eine Bewerbung erhalten hat, ein Streit mit der Liebenden fabriziert hat oder beste Freunde
(ich schrieb, die unersetzbaren 4) sich nicht mehr melden wollen, genau dann ist der Moment angekommen, an dem der Winde über das Felde weht. Das Erschütternde an der ganzen Sache ist doch aber, das man selbst beim Gedanken daran, dass etwas kommen mag bzw. Letzteres auch bei der Tat sich in der Hintern greifen würde, für das wie man sich verhält,

obwohl es jeden klar war, egal ob Prüfer, Trainer, Lehrer, Vorgesetzte oder Freunde, man ist der Idiot, obwohl jeder wusste, das so was kommt, aber niemand verhindern konnte. Vielleicht ist das ein Artikel der mir in diesem Buch mit am meisten bedeutet, einfach nur aus dem Grund, weil alles so geschieht, wie Gott es will, wie deine Krankheit es will und deine Seele mit deinem Kopf es will, keiner sonst, nicht dein Herz, nicht dein Bein oder deine Stimme, jeder wird gelenkt von Taten, welche dich fast zum Tode getrieben hatten und es vielleicht in der Zukunft wieder tun, wer weiß schon was in zehn Jahren passiert, wo wir stehen, vielleicht ich allein, vielleicht aber auch erfolgreich, glücklich, keiner weiß, wohin der Weg uns bringt, aber jeder weiß, das bis dahin noch viele Schattenseiten kommen, viele Stürme, die uns der Wetterbericht nicht ankündigt, wie meine depressiven Phasen, selbst wenn es alles perfekt scheint, kommt wie aus dem nichts, eine Phase, welche ich von nun an nicht mehr steuern kann, sondern nur noch ertragen kann.

Jeder muss lernen damit umzugehen, deshalb sage ich zu jeder Person, welche mir Neu in das Leben tritt, egal welcher Art, das ich kompliziert bin, dass man mich verstehen muss, das muss man erst einmal lernen, nicht selten ohne Erfolg, aber auch nicht selten, als bittere Ernüchterung, da ich wieder in so eine Phase falle. Ich weiß das immer wieder etwas kommt und weiß nie wann es zu spät sein kann, zwar nicht hier und jetzt, aber wer weiß schon, was irgendwann ist, Fakt ist aber eines! Jeder Verlust oder jeder Rückschlag bietet Angriffsfläche und Gefahr, mein Leben war ein Spiel mit Feuer, Feuer geht niemals zu Ende vergesst es nicht, wie eure depressiven Phasen und der Gedanke des Todes, aber genauso leben eure Momente mit dem Wasser immer weiter, egal welcher Sturm auf euch zukommt, denkt immer daran, Ihr habt Ihn mit dem unendlichen Fluss des Wassers gelöscht, für immer hoffentlich, aber nie garantiert.

Zu viel Business ist auch nicht gut

Vielleicht war auch das der Punkt im Leben, wo ich am Boden gelegen habe und nicht mehr die Richtung erkennen wollte, als ich dachte, ich könnte beruflich jemand sein, der ich noch lange nicht bin, ein Business-Man. Ich habe mir die Arbeit angesammelt, schon damals wollte ich vieles organisieren und Gespräche mit Leuten führen, welche es verdient haben auch meine Seite der Medaille zu sehen. Das Leben eines Geschäftsmannes ist nicht so einfach, wie ich es mir erträumt hatte. Damals schon wusste ich nicht wirklich, welchen Weg ich gehen möchte. Ob Studium, Abitur oder doch eine Ausbildung, war mir doch alles egal, hauptsache so wenig Aufwand an den falschen Stellen machen, dachte ich. Und genau dieser Druck war auch ein Grund, warum ich in die Depression gerutscht bin. Schon von Beginn meiner Zeit in Jena an wurde ich gefragt, wie es weitergeht und ich habe mich verstrickt, verstrickt in Antworten, welche ich selbst noch nicht wusste, die ich mir aber denken konnte. Nun habe ich die Chance nicht wirklich genutzt, groß raus zu kommen, okay, möglich ist noch alles, aber wenn man sich wirklich so aufspielt, so wie ich es tat, dann ist es kein Wunder, warum gar nichts klappe kann. Bei Bewerbungsgesprächen war ich schon immer eine Niete, habe ich doch meinen Bekannten und Freundin, sowie meiner Freundin erklärt, worauf es ankommt, habe ich es selbst am wenigsten umsetzen können. Sogar vier Wochen Praktikum waren schon zu viel für die anderen Personen, warum ist eher noch fraglich, aber naja. Ich habe meinen Weg bestimmt und musste tatsächlich für mein Praktikum und meine Ausbildung bis zum letzten Tag warten, bis ich die Zusage hatte, das geht gar nicht! Ich schreibe das hier rein, damit ich euch erzählen kann, wie schlimm es ist, an Sachen festzuhalten, die man selbst nicht weiß, in welche Richtung es geht. Meine Vorstellung als Business-Man haben mich auch schon kaputt gemacht, so sehr das ich nicht mehr schlafen konnte, weil ich nur noch an morgen dachte.

Was ist, wenn ich keine Arbeit finde, kein Geld habe und jeder böse auf mich ist, was ist dann? Ich habe es aber erkannt, auch wenn ich manchmal nicht mehr weiter wusste, habe ich verstanden, das man auch im Berufsleben wissen muss, in welche Richtung man gehen will, denn ohne Spaß im Leben und im Job hat man verloren, ohne Arbeit ist das Leben ein Schotterhaufen, also versucht nachzudenken, ob ihr was möchtet oder etwas nicht. Business ist immer noch mein Leben und wird es sein, aber ich bin ich und werde meinen Weg gehen, auch wenn ich wieder bis zum letzten Tag auf eine Zusage warten muss, mit vielen Tränen im Auge, wollte Gott es doch, das du es so machst, wie alles stattfinden wird.

Die erste Liebe

Eigentlich sind es ja zwei, würden Leute sagen, die mich sehr lange und gut kennen. In die eine war ich zwei Jahre verliebt, ohne das Sie mich jemals wollte und in die andere war ich Jahre später fast zwei Jahre verliebt.

In diesem Text wird es um die Letztere gehen, weil Sie auch Grund war, wie die Geschichte mit mir endete. Vorab aber erwähne ich nochmals, diesen Namen und alle, welche mit der Geschichte, Handlung zu tun haben, nicht zu erwähnen, betroffene Leute werden beim Lesen dieses Buches wissen, wer es ist. Allgemein fang ich einfach mal an, wie ich sie kennengelernt habe! Einfach ein Mädchen bei Facebook gesucht, eingeladen, angeschrieben, doch es war anders als ich jemals zu träumen gewagt hatte. Meine Jungs waren an diesem Tag bei mir und ich habe sie fast vernachlässigt, einfach weil ich mit Ihr schreiben wollte. Verliebt habe ich mich relativ schnell in Sie, das komische, ich kannte Sie nur durch Internet und als ich dann mit einem Jungen feiern war,

in Freyburg lernte ich Sie das erste mal kennen, auch wo es mir schon schlecht ging! Und der Gedanke an Sie, der vorher verpufft war, war auf ein mal wieder da, auch die Hoffnung auf eine rosige Zukunft mit Ihr war wieder da. Nur im Kontakt haben wir gestanden und dann kam der Schock, das du einen Freund hast? Ich schreibe gerade absichtlich das Wort du, weil ich die Hoffnung habe, du ließt dieses Buch auch irgendwann. Ich betone, es ging mir schon vorher schlecht, so war die Handlung, mir das Leben zu nehmen, auch dieser Person geschuldet. Und doch habe ich mich mit Ihr getroffen, in der Psychiatrie saß ich und trotzdem habe ich mich außerhalb mit Ihr getroffen. Ich wollte Ihr einfach nur mitteilen, dass ich immer da sein werde, wenn es Ihr schlecht geht. Ich muss auch sagen, wie oft sie mit mir über Ihren Freund redete und ich die Beziehung indirekt schlecht redete. Man warum habe ich dies alles nur gemacht, hatte ich doch in der Klapse gelernt, Dinge loszulassen, welche einen zerstören. Mein Gott ich mache diesem Mädchen jetzt keinen Vorwurf, gegen Gefühle kann man gar nichts machen, aber trotzdem hätte ich dich fallen lassen sollen, du hättest einfach abhauen sollen, mich überall blockieren und löschen sollen, einfach mitdenken, das hättest du tun sollen, und doch warst du da, ein Fels in der Brandung, aber ein spitzer, der mir nicht gut tat. Auch Freunde von mir redeten schlecht von dir, nicht von der Person, aber das du mir einfach nicht gut tust und einfach weg gehen solltest, irgendwo hin, wo ich nicht bin. Selbst für die zerstörte Freundschaft mit deiner besten Freundin machtest du mich verantwortlich. Komisch ist dabei leider nur, das nach mir der Kontakt schlagartig wieder besser wurde. Oder war es einfach so, das du eingesehen hattest, das die Leute gehen, die du geliebt hattest? Du hattest dich auch verändert und bist negativ aufgefallen, mit Personen, die du geküsst hattest oder dich betrunken hattest, und die Reaktionen von mir und anderen Menschen nicht verstanden hattest, ich stand trotzdem immer hinter dir. Ich habe dich einfach nur geliebt, so wie vorher noch niemanden, jetzt meine Freundin, die ich mehr liebe als dich, aber ich habe dich mehr geliebt, als die Mädchen vor deiner Zeit, du warst eine Heldin!

Doch dann kam mein Geburtstag, der Tag an dem ich mit einem Freund und halt mit dir gebrochen hatte. Geküsst hattet Ihr, später kamt Ihr auch zusammen, obwohl du wusstest, wie es mich plagt.. Geküsst hast du übrigens an diesem Abend nicht nur den einen, wie ich hörte, aber bevor ich hier was verbreite, sage ich, ich weiß es nicht zu hundert Prozent. Aber doch war die Information das du ein Freund hast, der Ausschlag gebende Punkt, das ich mir das Leben nehmen wollte und alles beenden wollte, damit du an meinem Grab stehst und merkst, das du mich geliebt hattest. Aber ich habe es nicht getan, du warst und bist es einfach nicht wert, zum Glück weiß ich das und habe eine Freundin, die mir gezeigt hat, wie man sich verhält, wenn man mich richtig liebt!

Der erste Versuch

Der erste Versuch klingt doch sehr astronomisch nicht war? Im ernst, was könnte es damit auf sich haben? In meiner Situation hat diese Überschrift mein ersten Suizid-Versuch zu Folge. Dieser Versuch war auch dieser, den ich bei jedem Gespräch mit Psychologen anspreche und Ihm als Alarmsignal schildere.

Ich saß in der Badewanne, mit dem Handy in der Hand habe ich entspannt, eigentlich wie immer. Und dann kam diese Nachricht! Meine Jugendliebe, für die ich der Beste Freund war, hatte einen Freund, mir hat sie aus Angst nichts gesagt und ich, psychologisch schon angeknackst, habe nur noch schwarz in meinen Augen gesehen. Wenn dieser Gedanke in einem Kopf ist, soweit zu sein, zu gehen, dann hat man ein Riesen Problem. Ich werde in diesem Artikel auch auf die Person oder Situation eingehen, welche ich mit meiner Jugendliebe hatte. In der Tat waren wir nie zusammen und in meinem Leben wird sie immer einen sehr großen Teil einnehmen, einfach weil ich vorher noch nie in jemanden so verliebt war, wie in sie. Komisch dabei war nur, dass ich durch meinen intensiven Drang mit Mädchen über Internet zu schreiben, sie kennengelernt habe und zum Zeitpunkt meiner Verliebtheit, sie noch nicht persönlich kannte. Erst später lernte ich sie kennen, habe mit Ihr gesprochen,

schon da hatte sie diesen Freund, und schon da hatte sie Angst es mir zu sagen, sie wollte mich nicht verlieren, war Ihre Aussage. Ich drückte meinen Kopf unter Wasser, wollte nicht mehr atmen, nicht mehr Leben, nicht mehr kämpfen. Obwohl ich wusste, dass dies nicht funktionieren kann und wird, da der Druck der Hand nachlassen wird und der Kopf wieder nach oben gelangen wird, habe ich es versucht.
Das ist doch das was zählt. Heute denke ich an diesem Tage zurück und bin einfach nur froh, dass ich in diesem Augenblick in der Badewanne, im Bad war und nicht in der Küche. Ich spüre es, aber in dieser Situation hätte ich ein Messer in die Hand genommen und hätte eingestochen, bis der Körper leblos am Boden sich gekrümmt hätte. Wie gesagt, dieser Versuch ist dieser, welcher mein Leben bestimmte und worüber ich Monate lang nur noch denken konnte. Doch was wäre gewesen, wenn sie es mir dann nicht mitgeteilt hätte, wenn ich es nie gewusst hätte, wenn ich sie nicht kennen würde und einfach alles vergessen hätte? Dieser Tag war ein Alarmzeichen,

gleich hätte ich mich einweisen müssen und zugleich hätte ich den Kontakt zu Ihr abbrechen müssen, nie wieder hätte ich sie hören dürfen oder sogar sehen. Sie wollte sogar oft die Freundschaft beenden, meine Liebe zu Ihr und die Freundschaft Ihr zu mir hätte niemals funktionieren können, das waren Ihre Aussagen und sie hatte Recht, aber ich verliebter Kerl wollte mir in dieser Szene das Leben nehmen, wegen einer Frau, wegen einer Bindung, welche es niemals gab, aber ich erhofft hatte. Doch die Freundschaft sollte so nicht enden, verlieren wollte ich sie niemals, vielleicht auch nur weil die Hoffnung noch Bestand hatte, es könne irgendwann eine Beziehung entstehen, leider wurde dies von Gott nie erhört, sondern abgestochen, wie mein Leben, wenn ich in der Küche gewesen wäre. Doch so offen spreche ich! Sie ist ein ganz besonderer Mensch, noch heute und in fünfzig Jahren wird sie ein besonderer Mensch für mich sein. Ich liebe sie nicht mehr und ich werde es auch nicht mehr tun, nie mehr, aber trotzdem ist sie meine Jugendliebe, meine erste große Liebe!

Quälende Fragen sind es aber leider doch noch, wieso ich den Kontakt nicht abgebrochen habe oder warum ich verliebt darin war, verliebt zu sein, weiß ich noch heute nicht. Gewarnt haben mich Freunde vor dieser verlorenen Liebe ja trotzdem. Gehört hatte ich aber nie und dann auch noch versuchen mein Leben zu nehmen, Hallo geht es noch? Der Versuch war zu viel so etwas darf es gar nicht geben, sonst hat man im Leben sowieso verloren.

Doch ich kann für mich eines sagen:

Wegen einer Liebe, einer Frau, werde ich kein Versuch mehr wagen, allgemein sowieso nicht. Ich habe aus dieser Situation gelernt und weiß nun, was ich hätte tun sollen. Ich bin ein Mensch aus Fleisch und Blut und obwohl der Versuch des Todes gar nicht klappen konnte, habe ich es Versucht und ein Versuch ist der Grund, warum viele Menschen einen Zugang suchen, bei dem sie sich geborgen fühlen. Für mich war es meine erste große Liebe, trotz das sie der Auslöser war. Beschuldigen will ich niemanden, denn sie wusste von meinen Problemen nichts, es war einfach der falsche Moment oder doch der richtige, sonst wäre ich nicht mehr da!

Sie legen die Schnalle um dein Hals

Freunde, Menschen, Feinde, Verräter, alle haben ein was gleich, sie haben Blut in sich. Es gibt aber zwei Arten von Blut, das Rote echte Blut oder das Blaue Blut, geführt vom Teufel in schweren Zeiten. Ich persönlich bin ja ein Mensch, der immer versucht, das positive aus Menschen heraus zu suchen. Selbst bei einer schlechten Tat ist ein Mensch nicht gleich schlecht, er hat einfach einen schlechteren Gedankengang im Leben. Ich durfte schon viele Menschen kennenlernen, ich durfte sie lieben, ich durfte sie hassen, ich durfte mit ihnen leben, ich durfte sie gehen lassen, sie haben mich verloren. Egal ob ich jetzt von manchen Personen aus meiner Familie, meinem Verein oder Freundeskreis spreche, habe ich festgestellt, dass selbst nach jahrelanger Verbundenheit das Blut des Teufels überwiegen kann. Man sollte niemals den Rücken jemanden zuwenden, der dir niemals bewiesen hatte, was du Ihm bedeutest, nie darfst du jemanden den Rücken kehren, wenn er sein Leben nicht in deine Hände geben würde. Selbst in meiner Familie bedeute ich wahrscheinlich jeder Person mehr, als ich allen meinen Freunden was bedeute, aber manche Personen haben mir auch noch Vorwürfe gemacht, was ich mir zusammen spinne oder warum ich nur auf dem Boden liege und nicht mehr atmen kann. Die Schnalle um meinem Hals war einfach zu stark gespannt. Ich meine, ich kann es kaum jemanden verübeln, wer mit dem Druck einer Freundschaft zu mir nicht klar kommt, der hat mich einfach nicht verdient, eben welche, welche auch aus meinem eigenen Blut sind. Nicht alle, die mit dir laufen, sind die, die mit dir im Ziel ankommen. Manche sind neidisch auf dich, wollen dich loswerden, manche gehen mit dir durch alle Kluften bis ans Ende der Welt würde man sagen.

Ich habe viele Menschen kennen gelernt, ich habe dies ja erwähnt, aber eben viele, welche mir nicht das geben konnten, was ich mir gewünscht hätte, aber sie waren nicht stark genug. Nein, sie haben mir sogar die Schnalle um den Hals gelegt, hätten mich lieber am Boden gesehen, manche vielleicht sogar tot, obwohl ich dies nicht für möglich gehalten hätte. Man kann einfach den wenigsten vertrauen, dir selbst doch am meisten, aber ich bin ein Mensch, der schnell vertraut, zu schnell. Deswegen habe ich viele zu meinem Freundeskreis gezählt, welche es nicht verdient hatten, mir nichts zurück gegeben hatten und mich teilweise noch schlecht gemacht hatten. Also was bringt es, wenn Leute sagen, sie sind da, aber doch hinter dir die Pistole zünden und abdrücken würden? Dann ist es doch kein Wunder, das ich immer am Boden liege und mit Gott rede, ob ich lieber jetzt kommen sollte oder doch erst später. Gott ließ mir die Wahl und hat mir geraten, zu bleiben, diesen Schritt zu gehen, zu merken, wer meine Freunde und wer meine Feinde sind und ich habe es gemerkt, obwohl man sich natürlich nie sicher sein kann. Mit Höflichkeit gehe ich natürlich immer noch durch die Welt, mit großem Interesse rede ich mit fremden Menschen über deren und mein Leid. Mit großem Interesse verfolge ich auch die Zukunft von Personen, welche mit mir los gerannt sind und auf halber Strecke abgebrochen haben, weil ich es für sie nicht wert war. Und was habe ich festgestellt, es ist sogar die Mehrzahl.. Die Menschen, die meisten, wollen dir nichts gutes, das musste ich lernen, das müssen andere Menschen lernen. Doch ich höre von anderen Familien immer, was ich für ein guter Umgang bin, nicht einer, der hinter dir die Pistole zückt, eher einer, der sich in die Kugel schmeißen würde, wenn eine von hinten kommt, doch das muss man lernen, damit muss man umgehen. Selbst wenn ich noch Personen verliere, weil Sie im Leben auf halber Strecke mit mir denken, das andere Sachen wichtiger, als die Freundschaft mit mir ist, dann weiß ich, was sie mit mir gemacht hätten, wenn ich Ihnen weiter vertraut hätte, doch sie sind stehen geblieben, haben mich gehänselt oder ignoriert, also kann ich Ihnen nicht vertrauen, ich musste Sie gehen lassen und tat dies, ohne Blick zurück!

Wahre Freunde,
erfährst du erst in schlechten Zeiten

Die Zeit spielt im Leben oft eine enorm große Rolle, genau eben wie die Freundschaft. Eine Freundschaft ist doch immer wieder ersichtlich in den „guten" Zeiten des Lebens, wenn man voller Tatendrang und voller Gunst mit seinen Freunden durch die Straßen läuft und unbeschwert seine intensiven Gespräche führt. Freundschaft ist auch für mich ein riesiges Thema, das dürftet Ihr ja schon nach den vielen Artikeln im vorab erkannt haben. Wahrheitsgemäß ist Freundschaft eigentlich das größte Symbol der Liebe, neben der Familie und Freundin natürlich. Während man die Familie ein Leben lang in sich trägt, verlaufen sich Beziehungen oftmals doch leider im Sand. Bei der Freundschaft aber ist es ein gesunder Mix!

Ich habe auch viele Menschen in meinem Leben kennenlernen dürfen, wo ich dachte, „Ja, sie sind es, die Freunde fürs Leben!" Leider aber wurde ich aber ebenso oft enttäuscht, als das ich Recht behalten habe. Ich bin in eine Krankheit gerutscht, die es mir offenbart hat, wer Freund und wer Feind ist. Ich habe vieles falsch gemacht, was die Freundschaft betrifft: Zu meiner Person kann ich sagen, und zwar öffentlich und ehrlich, dass ich im Freundeskreis ein sehr eifersüchtiger Mensch war und auch noch bin. Zu der Zeit, in der ich in der Psychiatrie war, war ich enorm eifersüchtig auf andere Menschen. Wenn mein Bester Freund mehr mit anderen gemacht hat, bin ich innerlich explodiert vor Wut und Angst, ich könnte diese Person doch an andere Menschen verlieren. Vielleicht sind aus diesem Grund auch sämtliche Freundschaften zu Brüche gegangen. Hiermit sage ich ein ganz großes Sorry an Freunde, wie Robin, Vincent oder Roy, denen ich in diesen Momenten ziemlich auf dem Schlips getreten bin. Aber diese Freunde haben nie aufgegeben.

Ich hatte viele Freunde in meinem Leben, leider haben mir diese „Freunde" nie das zurückgegeben, was ich Ihnen gab, Zuneigung und Power der Freundschaft. Was bringt jemanden, wenn er dreißig Freunde hat, aber keiner interessiert sich für dich und dein Leben? Aus diesem Grund schreibe ich genau diesen Artikel, weil man in schweren Zeiten erst merkt, wer da ist. Und wenn meine Familie nicht gemerkt hatte, wie kaputt mich das Leben spielte, haben es Freunde erstmals gemerkt. Wären diese Freunde nicht da gewesen und hätten mich aufgefangen, dann wäre ich nun unter der Erde! Ich kann von mir aus nur sagen, dass ich niemals gedacht hätte, es kommen solche Leute mich besuchen, als andere. Gehofft hatte ich, das vielleicht Person A und B zu mir kommen, aber es kamen ganz andere, als ich dachte und gehofft hatte. In diesem Momenten habe ich gemerkt, was es heißt, wahre Freunde zu haben. Selbst nach dieser Zeit habe ich Leute kennengelernt, wie meine Freundin Jenny oder mein Freund Danny, die von dieser Zeit wussten, aber mich genommen haben, wie ich bin, egal wie eifersüchtig ich war und auch noch bin. Und siehe da! Manche Freunde sind aber trotzdem geblieben, sie kamen mich besuchen oder haben sich nach mir erkundigt. Noch heute, ohne viel Kontakt kommen sie zu meinem Geburtstag und feiern mit mir durch die Nacht, dass nenne ich Freunde. Genau diese haben alles zurückgegeben, was man sich in einer Freundschaft ebenso erhofft, wie von Familie oder Liebe, sie gaben mir das Leben zurück. Ich schlechten Zeiten habe ich gemerkt, wer ich bin und wer zu mir gehört. Zum Leben gehören Freunde dazu und ich kann Ihnen, da draußen nur sagen, dass die Freunde ein Leben lang da sein werden, viele werden nicht bleiben, aber die, die es tun, sind es wert zum Leben und sie werden sich ebenso vor mich stellen, wenn jemand ankommt und mich verprügeln will, wie ich es bei Ihnen tun würde. Solange man dieses Gefühl spürt, ist es eine Freundschaft wert. Einer von Ihnen zum Beispiel rettete mein Leben, der andere ist der beste Gesprächspartner von allen, über die anderen schreibe ich jetzt mal lieber nichts dazu, da ich sonst nach 200 Seiten noch nicht fertig wäre. Ein Leben aber spielt nicht immer gute Zeiten mit dir, sondern auch in schlechten, und wer in dieser Zeit, dich berührt und dich prägt, der ist dein Freund, der ist dein Bruder, der ist dein Stolz. Genau deswegen stehe ich für meine Freunde ein, egal welcher von diesen, aber für jeden einzelnen, würde ich Blut lassen.

Wenn die Treppe immer steiler wird

Viel berichtet habe ich ja bisher nur, was ich gefühlt habe und wie ich empfunden habe, aber ich habe niemanden von euch erzählt, wie schlimm es eigentlich war, was man spürt, wenn man vor den Gleisen steht. Es ist wirklich schlimm, aber niemand kann sich vorstellen, denn es ist noch tausend mal schlimmer, als jeder von euch es träumen könnte Dieses Gefühl nicht mehr zu wollen, das Leben ergibt kein Sinn mehr, jeden bin ich eine Last, jeder von Ihnen wird mich verlassen und keiner hat solche Probleme, wie ich, dachte ich mir jeden einzelnen Tag! Man sitzt früh am Bahnhof, schaut jeden Passanten in die Augen und stellt sich eine Geschichte vor, was haben Sie für ein Leben, Probleme existieren in diesen Gedanken natürlich nicht, da nur ich solche Probleme habe. Man weiß, dass man Probleme hat, aber nicht solche, welche deinem Leben streitig machen könnte In jeder einzelnen Stunde denkt man darüber nach, wie dein Leben ein Schotterhaufen ist, man sieht alles negativ und jeder einzelne Satz oder eine Tat wird gegen dich verwendet, ohne das du es vermögen magst. Du weinst dir täglich deine Seele aus, niemand hört es, du sitzt am Tisch und denkst über deine nächste Scham-tat nach, welche dich gleich treffen wird. Und wenn du dann mal einen Lichtblick brauchst und Ihn bekommst, ist der nächste Seitensprung in den Abgrund nicht weit entfernt. Geh durch einen Tunnel, der niemals endet und du wirst merken, was Depression heißt, war meine Devise.

Ihr könnt euch ja nicht vorstellen, ihr sitzt dort in diesem Zimmer allein, weist nichts mit euch anzufangen, Selbstmordgedanken waren schon genug da und man hat in seinem Zimmer offene Steckdosen, schnell hätte ich mich nass machen können und hätte Lebe wohl sagen können Ich musste tagelang in meiner Abteilung bleiben, umgeben von allen Leuten, welche eine Krankheit haben, ohne raus zu dürfen, einzig mein guter Freund Roy konnte kurz vorbei kommen, leider mit Leuten, die nicht so hart meinen Freundeskreis entsprechen, sie sahen mich da, verbittert, mit zugegelten Haaren in der Hoffnung auf Freude, welche ich dort nicht verspürte Ein Spaziergang mit der Abteilung und man hat nur die Hoffnung, dass dich keiner sieht, welchen du kennst, Bitte nicht auch noch so was, dachte ich mir, doch leider sah mich bekannte Personen genau dann. Man hat Hoffnung, dass die Gruppe mit der du über deine Gedanken redest, deine neuen Freunde werden, aber leider muss ich jetzt mal das System der Gruppentherapie in Frage stellen.

Was bringt es mir mit Leuten zu reden, die die selben Probleme haben, mir nicht helfen können, ich aber trotzdem nur ¼ der Zeit reden kann und immer noch nicht mal die Hälfte erzählt hätte, da kann ich mich auch an die schöne Saale setzen, Steinchen werfen und wieder die Sekunden zählen, welche ich noch leben wollte, ach da gab es ja keine mehr. Doch ich war in der Psychiatrie, herein gekommen, da ich die neue Beziehung meines besten Kumpels nicht würdigen konnte, obwohl er der war, der mich retten wollte, ich sage: Sorry, mein Freund! Mit Personen, welche ich nach Aufenthalt nur mal einmal gesehen hatte, aber nur ein müdes Hallo über die Lippen kamen, wozu sollte man sich da helfen lassen? Nun bin ich draußen, auf der Straße sehe ich keinen Film mehr vor mir, nur noch mich und doch sitze ich da, wie gestern, geträumt von Drama, das Leben als Symbol des Todes und man ist mitten in diesem Licht. Der Tunnel hat kein Ende, die Treppe nach oben wird steiler, immer steiler.. und doch weiß ich, wenn eines Tages meine Mama stirbt, mein bester Freund beruflich weggeht, ich Streit mit meiner Freundin habe, sodass der Schlussstrich gezogen wird, beweist es erst wahre Stärke wieder aufzustehen, wahre Gesichter werden gezeigt und selbst Personen bei denen ich mich im Moment nicht melde, auf die muss ich trotzdem zählen, denn sie waren da, durch denen habe ich nie aufgegeben im Leben, die habe ich getroffen, denen habe ich hinterher geweint und denen habe ich einfach mein Leben zu verdanken, selten habe ich so viele Worte über, wie heute, hier in meinem Bett, in Gedanken an Roy, an Robin, an Celine oder doch auch Steffi, allen könnte ich ein riesen Texte schreiben und wäre doch längst nicht fertig, fertig mit meinem Kummer und fertig mit meinem Stolz. Heute zum Beispiel verstehe ich nicht einmal, warum ich mich während der Psychiatrie bzw. Kurz danach mit Patricia getroffen habe, meiner Jugendliebe, welche zu der Zeit mein Traum war, warum habe ich das einfach getan, ein Abstieg meines gleichen, wieso wollte ich sie unbedingt sehen, sie hatte einen Freund, ich hatte einen Knacks weg und wollte nicht mehr Leben, aber wozu das alles? Um an einen Traum festzuhalten, welcher gar nicht existiert? Wer kann mir das sagen? Und nun? Ich spüre kein Gefühl mehr für sie, habe meine Freundin, die einzige, welche ich jemals wollte und nicht dieses Dirl, welche mir den Kopf über 2 Jahre verdreht hatte, ohne mir die Chance zu geben, den wahren Marco zu zeigen, wie naiv war ich denn eigentlich? Jedes Mädchen, welches ich im Ansatz kennenlernen wollte, war leider nur eine billige Ausrede, weil ich immer noch nur die eine eine, die Jugendliebe wollte. Aber genau in dem Moment, in dem ich einmal nicht an Liebe dachte, kam meine Freundin, wie aus dem nichts war alles anders, als gedacht. Genau aus diesem Grund haben wir für unsere Beziehung 3 Monate gewartet, sicher wollten wir uns sein und nun fast ein Jahr später, sind wir noch zusammen hier und gehen diesen Weg, der Kampf hat sich neunmal gelohnt. Immer aber wenn ich an damals denke, diese Läufe durch die Stadt mit Steve, diese Zockerei mit dieser Person, meine Party-taten mit Roy oder der Fußball mit M, eine tolle Zeit ohne Sorgen für die meisten, aber leider doch für mich, welche ich später erkannte. In diesem Tatendrang und dieser Gedankenwelt merke ich, die Depression ist noch in allen Facetten vorhanden, nur lerne ich, diese zu beherrschen, meistens, aber doch nicht oft. Die Treppe war mal steiler, aber ist immer noch steil genug, um nicht gerade gehen zu können, nicht ohne eure Hilfe, nicht ohne Taten, welche uns umgeben. Trotzdem schon mal auf diesem Wege Danke Freunde zum 50.000 mal.

Schweißgebadet ist nicht immer gut

Was wird sich Marco jetzt nun wieder denken, dass er über Schweißausbrüche redet, welche nicht gut sein sollen? Kennt doch jeder dieses Gefühl, bei Aufregung oder Anstrengung voller Dunst unter Wasser zu stehen, seine Augen kaum noch zum öffnen bringen zu lassen und nachdenklich in die Gegend zu starren, welch Tat nun wieder um einen schwirrt.

Genau über dieses Schweißbad werde ich natürlich nicht erzählen. Es ist nicht eine oder zwei Nächte, welche mich dieses Schicksal plagt, es entwickelte sich über Monate, vielleicht auch Jahre, in denen der Schlaf immer geraubt wurde. Warum wacht man voller Wasser auf? Unter den Füßen, den Oberschenkeln entlang, bis hin zur hohen Stirn zeigt man Spuren von Angst, von Nervosität und von dem Bewusstsein, ein niemand zu sein. Mein persönlicher Auslöser war wieder dieser Junge, ich weiß ich rede ungemein oft über Ihn, aber wenn er der Grund war, warum ich in die Augen eines Löwen geblickt habe, dann denke ich, dass ich Ihn auch respektvoll erwähnen sollte. Man wacht auf, geträumt hat man weder gutes noch schlechtes, ein Böser Mix aus einer Never End-Story, welcher die tollsten Momente widerspiegelt, aber Sekunden später die Grauen seiner selbst aufweist. Was sollte ich nur tun? Aufrecht lag ich in meinen Bett, hoch mit dem Gedanken, die Nacht an mir vorbei gleiten zu lassen, schlafen war ja sowieso Geschichte.

Der Wille wieder in die Traumwelt zu verschwinden wird je unterbrochen von einer Stimme in meinem Kopf, welche mir die Grenzen meiner eigenen Scheinwelt hervorheben wollte. „Marco, er hat dich benutzt, nun musst du Ihm zeigen, wer du bist" – höre ich von der einen Stimme in meinem Hirn. „Marco du bist selbst Schuld und wirst dafür büßen, indem du gehst", quälte sich dieser zweite Gedanke durch meinen Kopf, ähnlich als twittere David Beckham gerade, welche seine erotische Boxershort ist. Nun hatte ich die Wahl, lenke ich mich nun ab, verschwinde in meine Gedichte Welt oder zocke ich einfach mal eine Runde Fifa, um meinen Gegner aus Russland die Grenzen aufzuweisen, oder denke ich weiter nach, über den Sinn meines Lebens, über die schöne Höhe meines Fensters zum harten Asphalt oder über den Dorn, den ich erst Ihn in den Rachen spitze und dann mir? Selten in meinem Leben habe ich derart nachgedacht, ohne mein Bett zu verlassen, mit dem Willen etwas zu bewegen.

Aus Schweiß wurden Falten, aus Falten wurden Krämpfe und aus Krämpfen wurden Einbildungen, welche sich durch meinen kompletten Körper ziehen sollten. Wie gesagt, alles begann mit einem Schweißbad der Hölle, wie ich es nennen wollte. Das ist der Kreislauf der Depression, niemand kann diesen entkommen, bevor er sich nicht hat helfen lassen, schon von Freunden oder Familie, deine Stunde ist nah.

Jeder hat seine Last zu tragen

Ich denke, mehr als die Hälfte der Leute, die dieses Buch nun lesen mögen, werden denken ich schreibe nur über die Zeit in der Psychiatrie, sowie den Ausbruch und die Gedanken kurz danach, aber so ist das nun mal wahrlich nicht. Ich schreibe auch noch über Ströme im Kopf von Heute, genau jetzt, im Bett liegend, am Laptop im Hintergrund Fußball laufend, aber in Gedanken bei meiner Krankheit.

Genau über dieses Thema, was andere denken, wenn sie dieses Buch lesen, werde ich nun schreiben. Mir ist es ziemlich egal, ob das Buch groß raus gekommen ist, wenn sie, lieber Leser, es lesen oder ob es nur Freunde, Familie und begeisterte Fans sind. Mein Wunsch liegt darin, Leuten mit meinen Momenten und meiner Psyche zu helfen und nicht um meinen eigenen Stolz zu pushen. Klar wäre es ziemlich genial, erfolgreich damit zu werden, so ziemlich mein Leben damit zu leben im Gedanken daran, auch mal was sinnvolles vollbracht zu haben, genau das wünschen sich doch alle, denken sie, aber doch nicht ich. Was ist im Leben wichtiger für die Menschen, der eigene Stolz oder auf andere zu blicken, in positiver, wie negativer Hinsicht und zu urteilen, worüber man nicht einmal den Hauch einer Chance hat, überhaupt zu verstehen, warum jemand so ein Buch schreibt oder was er bewirken möchte Sollen die Leute doch denken, ich bin begeistert davon, erfolgreich mit dem Buch zu werden, von Fame getragen zu werden, weil jeder mich als Schriftsteller oder Geschäftsmann kennt, mir soll es doch egal sein. Ich weiß doch, dies überschneidet sich doch total mit dem, was ich sonst geschrieben hatte, von wegen andere Köpfe und Wörter bestimmen mein Leben und ich selber bin nur ein kleiner Kreis zwischen Milliarden Menschen, ja so versteht ihr es sowieso. ABER so ist es wirklich nicht! Klar habe ich mein Wunsch, wie ich schon sagte, aber in erster Linie schreibe ich dieses Buch um mir zu helfen, den Kampf endgültig zu gewinnen und mit dem Kopf meine eigenen Flüsse zu binden und nicht von anderen. Aus diesem Grund schreibe ich in diesem Buch nur im positiven Sinne Namen und keine negativen Namen, immerhin möchte ich doch nicht, dass jemand sich das Leben verbaut, nur wegen einem falschen Satz inmitten dieser Passage von Sätzen. Ich habe es lieber dass jeder an sich selber denkt, Was habe ich gut gemacht, Was kann ich besser machen, War meine Tat richtig oder falsch? Das sind doch bestimmte Fragen, die sich jeder stellen sollte. Jeder hat doch eigene Probleme im Leben, familiär, personell, sexuell oder auf beruflicher Ebene, also warum auch noch mein Maul über solche Menschen zerbrechen, wo ich nicht mal im Ansatz weiß, was bei Ihnen im Kopf vorgeht? Zumindest ich könnte es mir nicht verzeihen, wenn ich über jemanden Gerüchte streuen würde und darauffolgend finde ich die Todesanzeige in der Zeitung, niemals wäre ich wieder glücklich! Natürlich lästere ich auch, wäre ja ein Heuchler, wenn ich sagen würde, ich hätte es niemals getan, aber loyal bin ich dafür umso mehr. Wie ich in der Überschrift schrieb, hat doch jeder seine eigene Last zu tragen, warum dann noch einen daraufsetzen und schmerzerfülltes Plagen tragen, warum sollte man so was nötig haben?

Über mich wird oder wurde auch vieles gesagt, gestreut wurde umso mehr. Ich mache mich noch heute kaputt, wie ich auch schrieb, aber warum sollte ich gleiches tun? Wenn ich jemanden nicht mag, weiß er das! Wenn mich an jemanden was stört, sag ich das, als Tipp, nicht als Kritik, aber jemanden beliebig mit Bedacht zu schaden, weil ich Spaß habe und froh bin, eine lustige und sogleich verletzende Geschichte zu erzählen, das bin ich nicht und bin traurig wegen Personen, welche diese Last nötig haben. Ich verstehe einfach nur nicht, warum die Menschen so scharf darauf sind im Mittelpunkt zu stehen, über Menschen zu urteilen, wo man gar kein Urteil haben darf, ohne dabei an Mitmenschen zu denken, was Ihnen passieren konnte. Noch heute werden sich manche Menschen denken, was gewesen wäre, wenn ich jetzt im Grab liegen würde oder meine Asche unter dem Rasen vom Emirates geschnürt werden würde. Selbst ich mache mir noch Gedanken, wer geweint hätte, etwa die unersetzbaren vier oder nur meine Familie? Aber darum geht es in diesem Text wahrlich nicht. Es geht nur darum, warum Menschen über jemanden urteilen, dessen Familie und Stabilität sie nicht mal kennen oder sich nicht mal einen einzigen Hauch interessieren mögen, wer diese Person auf der anderen Straßenseite ist, über diese sie urteilen? Wie gesagt, ich denke auch oftmals nicht nach, bevor ich handle, entschuldige mich aber sofort und bin der erste der im Leben einsieht, was im Leben falsch gelaufen ist. Wenn ich eine Sache im Leben ändern könnte, dann wäre es die Hasserfüllte Art, die Menschheit leider zu bewegen tut. Zumindest denke ich immer daran, was passieren kann, wenn ich mit jemanden das tu, was die böse Menschheit mit mir tat, für immer will ich im Leben stehen, mit meiner Last im Kopf und nicht mit hunderten Geschichten, welche mich zum ersten nicht interessieren, noch mich nicht im geringsten angehen sollten! Auch wenn es niemand hört, denkt einfach nach liebe Leute, tut es einfach!!

Lieder zeigen Erinnerungen

Du stehst doch auch jeden Tag auf, dein erster Blick gerichtet zum Fernseher oder zum Radio, nichtsahnend, welches Leid dir zugeführt wird, wenn du diesen einen Apparat startest und drauf blickst, als sei es das normalste der Welt dieses Lied zu hören, welches dich Jahre zuvor begleitet hatte.

Für mich ist das Thema Musik eine heikle Angelegenheit.. leider! Klar hört man sie gerne und keiner kann diese unvergleichbare Techno-House-Musik vergessen, wie ich es am liebsten jeden Tag hören möchte Die Musik ist der Lebensgeist von so ziemlich jeder Person, welche in normalen Umständen in dieser Zivilisation sein zu Hause findet, egal ob Pop, Rock, Rap, oder eben auch mal House. In der Zeit, in der ich jeden Tag bei meinem „Mobber" zockte, chillte oder einfach gammelte lief dauerhaft in meinem Ohr Musik, welche ich zur damaligen Zeit unvergleichbar und sogleich unersetzbar hielt. Sind die anderen schlafen gegangen, hatte ich die Musik im Ohr und bin damit eingeschlafen, nichts ahnend, welche Gefahren sie eigentlich auf mich wirken.Nun, fast 3 Jahre später merke ich leider Gottes den Ernst der Lage, welche mir diese Musik in den Ohren zugeführt hatte. Leuten manch kleine Töne von Liedern, welche ich beim zocken meiner X-Box mit meinem Widersacher hörte oder sei es das eine Lied, welches Tag für Tag in der Psychiatrie im Radio lief, egal was es wirft mich zurück zu meiner alten Zeit, welche schön war, aber leider auch die Zeit war, welche mich Tag für Tag beim Gedanken daran, zurückbringt, und mir fast das Leben kostete. Ändern kann ich es ja leider nicht, oder kann ich bei einem Radiosender anrufen, sagen Sie sollten es lieber nicht spielen, weil es wieder die Gefahr auf Depression-Gefasel oder Selbstmord-Gedanken schnüren könnte, wenn es gehen würde, Oh mein Gott, wie oft hätte ich dies getan. Was ich damit sagen möchte ist einfach nur, dass man daran nichts ändern kann, sondern leben muss, ich selbst muss die Lieder nicht in einer Art Vergangenheit sehen, in die ich liebend gerne reisen würde, nein ich muss die Musik für mich so auffassen, als sei diese Zeit unvorstellbar und die Musik als Art begleitendes Symbol gerüstet Immerhin bringt es doch keinem was immer negativ von irgendwas zu denken. Warum soll ich denn immer heulen, wenn das Lied ertönt, welches ich an dem Ort hörte, wo ich nie wieder hin möchte, obwohl ich sage, dass es nicht so schlimm da drin war?? Warum?

Mein Kopf sagt mir jedes einzelne mal, Marco hör auf mit dem Kummer, es ist nur ein Lied und kein Gedanke, aber mein Herz zieht sich jedes mal wieder zusammen, ohne das ich auch nur ein Hauch von Gerechtigkeit erleben könne Ich persönlich sehe den Grund wirklich in einer spirituellen Welt, Gedankenübertragungen durch Lieder, welche uns prägen sollten. Warum redet sonst ein Lied über Loyalität, ein anderes über Verlorene Liebe und wiederum ein anderes in einer Sprache, welche wir kaum verstehen, ein Text, welcher nicht verstanden wird, warum bringt uns trotzdem so ein Lied zum nachdenken, zum schwärmen oder gar zum weinen? Einfach nur der Gedanke, das Lied und die Melodie, welche gespielt wird passt perfekt zu uns und wir verbinden diesen Moment mit diesem Lied, welches wir hören, einfach aus Reflex. Wie ich schon sagte, ändern kann man ja sowieso nichts daran, aber leben muss ich damit wahrlich trotzdem. Ich kann doch nicht immer Trübsal blasen, wenn so ein Lied kommt, leider tu ich dies aber trotzdem.

Leider holen mich diese Lieder und diese Gedanken immer wieder ein.. Am Tisch sitzend, bei einem Bierchen im Stadion oder bei einer Party im Club ist alles Top, Laune ist bombastisch und kann kaum besser gestaltet werden als dort. Doch dann wird alles anders als erhofft.. Statt eines ausgelassenen Abends, einer Menge Alkohol intus und lachende Gesichter überall sieht man in der Mitte nur mich, Traurigkeit nach diesem einem Lied, Gedankenfluss zwischen Freunde und Ehrgeiz getunkt in Hass, Traurigkeit und das Gefühl, wieder sinnlos in der Welt zu sein. Ich verstehe wie gesagt nicht, wie eine Melodie ähnliches bewirken kann? Kann mir dies einer erklären?? Fakt ist nun aber das ich damit leben muss und die Leute, welche mich lieben ebenso umgehen, sollten wie ich. Ich zum Beispiel mache die Lieder prinzipiell aus oder konzentriere mich einfach noch härter auf Dinge, welche nichts damit zu tun hätten Es hilft weiß Gott nicht immer, aber es kann helfen, man muss nur damit umgehen und Personen neben dran haben, welchen du dein Problem schildern kannst und sie es mit dir durchstehen möchten, dass ist wichtig, ebenso wie die gesunde Motivation, dich auch so durch das Leben zu beißen, immerhin gibt es ja auch Lieder, die einen Höhenflug vorantreiben, wenn man es hört oder ließt einfach voller Tatendrang mittrellert und dabei selten merkt, wie gut dieser Track einfach tut im Leben mit der Lust, welche einen umgeben will. Meine Frage stellt sich einfach nur, ob man sich immer nur an negativen Liedern aufhängen sollte, oder ob man auch die Seite des Tatendranges sehen sollte, welche uns die Stunden vor dem bösen Lied im Club begleitet hatten?

Kapitel 4

Nichts wird mehr so sein, wie es war

Einen Satz, den man in gefühlt jeden zweiten Film hört, oder auf dem Schulabschlussball, bevor alles vorbei ist. Für mich aber hat dieser Titel eine tragende Rolle, wenn nicht sogar die wichtigste Rolle in diesem Buch. Dieser Artikel zeigt viele Sachen auf, die ich in meinem Leben gelernt habe und was ich erkannt habe, über meine Mitmenschen und mein Leben. Dieser Titel ist eine Wortgruppe, bei der Ich, Marco Krüger, oftmals gar nicht so recht weiß, wie viel oder was ich schreiben soll, weil ich jede einzelne Situation in den letzten drei Jahren als Beispiel nehmen könnte und dazu wahrlich zusammen mehr als hunderte Seiten vollschreiben könnte. Nur was wird nicht mehr so sein, wie es einmal war?

In erster Linie, werde ich diese kleine Wurst, die mich gemobbt hat, nicht mehr Ernst nehmen, da er im Leben nicht mal im Ansatz das erreicht hat, was ich schon erreicht habe, von dem was ich gelernt habe noch gar nicht zu reden. Eine Freundschaft habe ich endlich auch gelernt, damals war ich aufdringlich, wollte einfach nur einen besten Freund haben, dem ich mehr bedeute, als all seine anderen Freunde. Genervt habe ich auch, muss ich ja zugeben, aber auch das hat sich geändert. Ich brauche nur noch Leute, die mich auch brauchen. Freunde muss man nicht jeden Tag sehen oder mit Ihnen jeden Tag schreiben, solange man immer dieses eine Gefühl von Begierde und Liebe spürt, reicht es doch. Die ganze Zeit von damals, jeden kranken oder wundervollen Tag, gibt es nicht mehr.. Alle sind arbeiten, haben neue Leute kennengelernt, meine Freundin habe ich kennengelernt und keiner hat mehr so richtige Zeit, sich jeden Tag zu sehen, nein das muss auch nicht sein, Freunde leben füreinander und werden das auch ohne viel Kontakt noch sehr lange tun.

Optisch habe ich mich auch verändert, Charakterlich ebenso. Kein kindischer Junge mehr, der andere hänselt und selbst Sau sensibel war. Den gibt es nicht mehr! Warum sage ich euch das? Ich möchte euch mit diesen Zeilen und diesen Artikeln einfach nur zeigen, dass ein Leben zwar nicht zu Ende ist, aber Ihr jeden Tag mit euren Liebsten genießen sollt, weil diese Zeit nie wieder zurück kommt. Egal ob jetzt Freunde, Liebe, das Hobby oder Familie, der Job, die Schule oder dein Aussehen. Alles wird nicht mehr so sein, wie es war, nie mehr, leider, aber es ist Realität.

Und ich habe lange daran genagt, wusste nicht, ob ich es so hinnehmen kann, würde ich doch am liebsten noch einmal die Partys mit Freunden von vor 3 Jahren erleben, obwohl ich dennoch weiß, ich bin nun eine andere Person und es wäre nie mehr so wie damals, weder die Personen, noch die Art, des Lebens. Viele Tränen habe ich vergossen, bei diesem Gedanken, einfach weil damals alles traurig, aber zugleich auch einfach geil war.

Jeder Mensch verändert sich und das ist auch das wichtigste im Leben und an diesem Gedanken sollte man festhalten. Es kommt alles nicht wieder, nie mehr, Ihr habt die Wahl, wie Ihr das Leben verbringt, genau jetzt und hier. Genau das wollte ich euch einfach mit diesem Kapitel auf dem Weg geben und wünsche euch viel Spaß bei diesen erschreckenden Sachen, welche Ihr leider noch lesen müsst, aber denkt immer dran, selbst wenn Ihr es lest, die Momente danach werden nicht mehr so sein, wie es eben war.

Ihr hättet einfach bleiben sollen

In diesem Artikel werde ich mich mal ganz gekonnt den Gedanken zuwenden, welcher sich auf die Personen lenkt, welche mal mit mir im Kontakt standen, aber dann auf einmal Ihren ganz eigenen Weg gegangen sind. Ich werde absichtlich keine Namen in diesem Artikel nennen, da sich die Leute ja ausmalen können, wie andere dann über sie denken könnten.

Ich kann einfach nur sagen, so arrogant wie es auch klingt, hätten die Leute alles richtig gemacht, wenn sie den Kontakt mit mir beibehalten hätten und nicht einfach ohne etwas zu sagen, gegangen wären. Als positive Beispiele kann ich nur meinen Haupt-Freundeskreis jetzt nennen. Alle hatten sie mal eine Phase, in der ich ein Arschloch für sie war, auch ich hatte diese Phase, gerade da, wo ich in der depressiven Zone war, aber, sie sind zu jedem Geburtstag da, sie haben gerne Kontakt zu mir und sind geblieben. Nicht umsonst ist die Mama eines Freundes zu mir hingegangen und hat gesagt: „Marco, für meinen Sohn kannst du der Beste Freund sein, den er haben könnte!" Wenn ich an diesen Satz denken, erfüllt es mich mit Stolz, da schon eine ältere Generation begreift, was ich möchte. Auch wenn ich oftmals genervt habe oder immer noch tue, so wissen all diese Freunde, wer in schweren Zeiten da wäre. Aber darüber werdet Ihr in dem Buch noch mehr erfahren. Wichtig ist ja eigentlich die Kehrseite. Manche Leute haben mich schon nach der Grundschule im Stich gelassen, manche erst nach der Sekundarschule und manche sogar erst nach der Psychiatrie und doch nehmen Sie einen großen Teil meines Kopfes ein, da mein Gehirn seine eigenen Sprünge macht und ich nicht verändern kann, dass ich an diese Leute denke. Einer zum Beispiel ist in die Spielsucht gerutscht, der andere in die Drogen und wegen meines Widersachers, da muss ich nicht mehr viel schreiben, davon habt ihr alle ja schon erfahren. Man habe ich schon viel über Ihn geschrieben. Andere Köpfe würden einfach sagen: „Marco, sie sind weg, Ihr Leben, nicht deines!" Aber so bin ich nicht. Wenn dieser eine Freund, nach der Grundschule mein bester Freund nicht zurück zu seiner alten Clique gegangen wäre und bei mir geblieben wäre, dann wäre er jetzt nicht so, wie er ist. Ich meine, wenn ich mit den Leuten rede, ist es wie damals, alles in Ordnung, zwar nicht perfekt, aber auch nicht so, dass ich sage, sie haben es verdient, aber der Gedanke, dass ich sie hätte davor beschützen können, nagt schon an mir. Ich bin zwar kein Held, will ich auch nicht sagen, aber ich kann mit

Recht sagen, dass verschiedene Personen ohne mich ebenfalls in den Abgrund gerutscht wären und ich es aber verhindert habe, mit Gut und Recht kann ich sagen, ich bin ein guter Umgang. Auch mein Freund Roy, der Lebensretter hat Probleme im Kopf wie ich, wird oft beleidigt und seine Psyche spielt verrückt, aber er ist eine Persönlichkeit in meinem Leben geworden. Vielleicht ist das aber auch der Grund, warum er noch da ist. Diese Verbundenheit, die wir in uns tragen wird uns noch lange begleiten.

Und obwohl ich die Gedanken an die anderen Menschen, nicht wenige, nicht haben möchte, so haben sie doch einen Platz in meinem Buch gefunden, ohne das andere Personen sie anprangern können, da sie diese nicht kennen. Wenn sie das Buch lesen sollten, ich denke aber eher weniger, dann werden sie hoffentlich merken, das der Fehler, abzutreten von mir, ein ganz großer im Leben war. Selbst ich hatte Probleme und bin manchmal kein guter Umgang, aber ich bin ein Freund, der jeden dazu bringen kann, ein guter Mensch zu werden.

Der gesunde Mix macht es doch, so kann ich 24/7 nur Mist reden und mit den Freunden lachen oder so kann ich von jetzt auf gleich umschalten in eine ernste Lage, welche man doch auch im Leben braucht. Alles was ich weiß ist, das mir die Personen leid tun, die gegangen sind und mir die Chance der Hilfe nicht gewährt haben, weggeschaut von meiner Krankheit und Ihren Frust haben sie, mit Folgen, welche mir nicht gehören, aber welche ich mir gerne hätte angenommen.

War doch alles halb so wild?

Ich könnte mich bei dem Gedanken, was damals alles geschah selbst in den Arsch beißen. War doch ich die Person, die den Stress fabriziert hat und anderen Leute Ihr Gewissen gefressen hatte. Eine Frage plagt mich aber leider schon seit langer langer Zeit und ich kann gegen sie einfach nichts ausrichten:
„War doch alles halb so wild?" Wurde ich gar nicht gemobbt, sondern mein Feind hat sich nur einen

kleinen Spaß erlaubt und ich hätte einfach nur lachen müssen und alles wäre gut gewesen? Oder war ich einfach zu dumm dafür, jemanden gehen zu lassen, den ich längst verloren hatte und habe mich zu lange an meine Träume festgehalten? Wollte ich doch nur Aufmerksamkeit und hätte mir selbst nie das Leben genommen? Fragen über Fragen, welche ich nicht beantworten kann, oder doch? Vor einer Woche war ich in London und habe das Buch „Fever Pitch" von Nick Hornby weiter gelesen, nach langer Zeit. Er schrieb auch von einer depressiven Phase, wo er nur noch rauskommen wollte, aber leider kein Weg sah und genau so ging es mir. Okay, vielleicht hat dieser Mistkerl mich nicht richtig gemobbt, vielleicht hätten andere in dieser Situation nicht den Tod aufgesucht, wie ich, sondern hätten nur einfach normal weiter gemacht. Aber jeder Mensch ist anders.. Ich möchte niemanden einen Vorwurf machen, immerhin bin ich teilweise selbst der Schuldige an der Sache, aber es muss schon eine Menge Gründe aufweisen, damit ein Junger Mann, keine zwanzig Jahre alt, vor den Gleisen steht und sich denkt, „Wann springe ich endlich?" Man kann doch leider nicht ändern, was mein Kopf sagt und genau aus diesem Grund stelle ich mir manchmal die Frage, ob ich hätte alles verändern können, wenn ich alles nicht so ernst genommen hätte? Ich hätte in der Schule ruhiger machen können, meine Jugendliebe gehen lassen sollen, Freundschaften beenden und meinen Widersacher anlächeln und Hallo sagen können? Warum habe ich es aber nicht gemacht, sondern wählte diesen, ich nenne es mal falschen Weg gewählt? Die Antwort liegt doch aber eigentlich schon in diesem Buch. Ich dachte die Welt ist gegen mich, wollte mich nicht mehr, ich war kein Teil mehr, mein Widersacher hat alle Leute hinter sich, ich habe niemanden und aus diesem Grund ist es besser zu gehen. Paranoid könnt Ihr mich alle nennen, ist mir auch ehrlich gesagt scheiß egal, ist ja immerhin meine Meinung und mein Kopf, aber stellt euch doch mal vor, ich wäre nicht so sensibel, ich wäre ich geblieben und würde immer noch, vielleicht mit Ihm durch die Straßen laufen oder fahren und das machen, was wir damals immer taten, wenn ich einfach nur ruhig geblieben wäre, mein Kopf eingedroschen hätte, das alles nicht so wild ist und es eigentlich nur ein kleiner Streich zwischen Freunden ist. Ich wäre jetzt nicht hier und würde mein Buch vollenden, wenn es so gewesen wäre. Aber es ist nun mal nicht so. Gespräche mit Ihm haben mir gezeigt, dass keine Einsicht vorhanden ist und es genau so beabsichtigt war, wie er es tat, warum weiß glaube ich nur er selbst. Und eigentlich müsste ich Ihn hassen, nur schlecht von Ihm reden und kein einzigen Gedanken schnüren, das es doch nicht so hart war, wie es war? Meine Fresse, ich habe Menschen leider gesehen, ich habe Gespräche mit Leuten geführt, wo ich heute nicht weiß, ob sie sich das Leben nahmen, ich habe Abstand von meiner Jugendliebe genommen, obwohl ich dachte, ich würde es nicht packen, nur aus reinem Selbstschutz! Also beantwortet mir wirklich ehrlich die Frage, war es wirklich alles halb so wild??

Ich kann es selbst nicht beurteilen, aber mein erster Gedanke daran ist, „Marco, hast du eine Meise?"
Egal wie man alles interpretieren kann, egal ob ich sentimentaler war als andere, ich habe mir doch Selbstmord-Gedanken nicht einfach eingeredet und habe mein Grab, sowie ein Film vor mir gesehen, das alles wäre doch nicht gewesen, wenn alles halb so wild gewesen wäre. Und selbst wenn, dann ist es nun einmal so und selbst wenn sich meine ehemalige Lehrerin oder meine ehemaligen Mitschüler an den Kopf greifen und Ihn schütteln, dann waren es trotzdem immer noch meine Gedanken im Kopf und sie werden es nie selbst beurteilen können. Es gibt doch genau Personen, die mich verstehen, die nicht mit dem Kopf schütteln. Ich bin mir da eigentlich ziemlich sicher, das mein Widersacher dieses Buch lesen wird, vielleicht wird er es auch zerreißen, oder sich über mich und meine Rechtschreibfehler lustig machen, aber ich schreibe dieses Buch ja nicht für Ihn. Und auch wenn tausend Tage im Jahr dieser Gedanke im Sinne kommt, ob es Wert war,

mit dem Tod zu reden und alles hinter mir zu lassen, dann merke ich doch immer wieder, wie viel Leid und Schmerz ich ertragen musste und ich es mir nicht mal in meinen schlimmsten Träumen hätte denken und verschlimmern können. Für den einen ist Mobbing eine Ausgrenzung, für den anderen halt nur eine Beleidigung, der Schmerz ist aber der Selbe und wenn man vor den Gleisen steht, dann war nicht alles halb so wild, nein, es war genau, wie ich alles beschreibe, ein Kampf um LEBEN UND TOD.

Optik wirkt anders

Wie gerne hört man es, das Gefühl des Jubels, die Genugtuung gegen alle Neider und der Vorgeschmack auf mehr, wenn man hört man sei ein stylischer, edler Herr. Doch für mich hat mein Aussehen nicht nur gute Facetten in meiner Jugendzeit geprägt. Zu der Zeit, wo ich den Mobbing unterworfen war, war ich in der Jugendsprache ausgedrückt, „Das Schwarze Schaf". Kaum aufgewacht schon Zähle geputzt und ohne mich fertig zu machen ging es auf in die Schule. Genau jetzt weiß ich, warum ich damals nie die langersehnten Komplimente bekam, welche ich heute, natürlich auch nicht im Überfluss, aber schon öfter einmal genießen darf. Egal ob es von einem Trainer kam, meiner Mama kam, von irgendwelchen Kindern, von denen ich nur Bestätigung wollte, es fühlte sich neu an, fast zu schön um war zu sein.

Was ich hier aber begründen möchte ist, dass es für mich nicht nur das gute Aussehen vor dem Spiegel gibt. In jüngster Vergangenheit habe ich keinen Tag genossen was ich sah. Im einen Augenblick stand mit funkelnden Augen ich vor dem Spiegel und machte mir selber Mut, wie toll ich bin, wenige Stunden später aber stand ich an selber Stelle und wollte nicht mehr schauen, mich nicht mehr schämen, nicht mehr Trauern über das Häufchen Dreck, welches ich in mir sah. Leider ist dies eine schlimme Zeit in der Depression. In dem einen Moment fühlt man sich wie der König der Welt, findet sich hübsch, will auf der Erde was bewegen und alles tun, um voran zu kommen.

Leider aber gibt es auch Tage, an denen ich mich selbst nicht anschauen möchte, nicht an mich denken wage, wo ich einfach einsam sein will, ohne Liebe, ohne Schmerz und ohne mich selbst. „Schönheit ist nicht geprägt von außen, es ist das was uns begibt." Ist mein Motto in dieser Tat. Ich werde noch lange brauchen um zufrieden mit dem zu sein, was ich bin, egal ob von der Optik oder der Seele. Sagt mir lieber, was es bedeutet schön zu sein, hübsch genannt zu werden und vor allem sich dem anzunehmen,
was man selbst am meisten spürt. Wirklich hübsch sein, bedeutet das seine Haare zu stylen, sein Bart enorm zu pflegen, wie ein kleiner Hipster* herumzulaufen und mit seiner eindeutigen sexistischen Sprache zu prallen? Ist es genau das, welches die Menschheit in Ihrer Form heutzutage antreibt? Ich will einzig und allein hoffen, dass dies niemals der Fall sein wird. Ein Menschen nach seinem Aussehen zu reduzieren, ihn zu verurteilen, wer er ist, nur weil er nicht an sein eigenes Ich denkt, sondern an viel wichtigere Dinge,

wie Arbeit, Schule, Freunde etc. ist doch eigentlich grob fahrlässig und einfach nicht tragbar, doch leider als Mensch im 21. Jahrhundert schon. Ich will damit weiß Gott niemanden ankreiden, was er denken mag. Ich möchte natürlich auch nicht, dass sich Personen ändern, welche in Ihrem Leben niemals andere Handlungsformen hatten, nein ich will zeigen, dass gepflegtes Aussehen, ein Kleidungsstil par excellence oder gar eine Ausdrucksform über seine Optik entscheiden dürfen. Optik bedeutet nicht, gut aussehen oder eher weniger, nein Optik beschreibt den ganzen Mensch in seiner Mimik und Gestik, welcher vor deine Augen tritt, und mit einen leicht schämenden Lächeln ein Hallo zuflüstert. Genau das ist Optik, welches ohne die Oberflächlichkeit der Zivilisation noch weiter in Erscheinung treten würde.

Ich denke mir immer: „Wer gut aussehen will tut dies von Ihnen heraus, ohne von anderen wie ein Gott behandelt werden zu müssen." – denkt mal nach was ich damit meine!

Das Hobby bietet nicht immer Halt

Ein Hobby hat doch jeder, manchmal dient es auch als Leben dieses einen Menschen. Oft wird als Hobby Musik oder Sport benannt, doch welcher Sport genau mein Leben nun wieder prägt werden wohl viele von euch durch meine Texte herausgefunden haben, den Fußball! Ich liebe diesen Sport, nein ich lebe ihn.. jede Woche einmal Training, ein oder zwei mal auch ein Spiel am Wochenende, ein Freizeit-Team im Jugendzentrum hatte ich auch noch, ein Leben, welches ich mir immer wieder zurückwünschen würde, wenn ich wüsste, das es gehen würde. Leider aber geht dies nicht so einfach, denn genau das, was alle Menschen so lieben, war für mich ein Drama, kein Spaß mehr in meinem Traum. Ich wollte nicht mehr zum Training, einfach im Bett liegen, Fern sehen und entspannen, nach der Schule ist nunmal keine Zeit mehr für Sport, wofür ich mich bewegen müsste, dachte ich mir einfach.

Andere fragten mich, ob ich rauskommen mag, spazieren, feiern, etwas essen gehen, doch keine Reaktion von mir, nur einsam sein, nachdenken über mein Leben, ohne jegliches Interesse an körperlicher Bewegung, und dann noch diese Mädchen, die ich irgendwann kennenlernen könnte, all das kann ich doch nur ohne Fußball, sind ja immerhin 1-2 Tage, welche ich mehr zur Verfügung hätte! Doch genau das ist es, was die Zeit der Depression schwerlich macht, gar unerträglich Man hat auf nichts mehr Lust, kein Sport mehr, klar schauen kann ich Ihn aber selbst machen? Habt ihr ein zu viel geraucht, dachte ich mir! Und wenn ich mich mal doch dazu gerungen habe, mit meinem Fahrrad in unser Stadion zu radeln, war ich von Lustlosigkeit geprägt, jeden Zweikampf bin ich mit doppelter Härte angegangen um den Frust meines Lebens loszuwerden und in Gewalt bei diesem Sport umzuwandeln. Nur ein Gedanke kam mir bei diesem Sport in den Sinn:
„Warum sollte ich zum Training, warum sollte ich mich abrackern, wenn aus mir eh kein Profi mehr

werden wird, wofür mache ich das alles?" Das war mein Gedanke. Heute natürlich weiß ich, das ich das mache, damit ich lebe, Spaß habe, zeigen kann was ich kann und will, nicht um meine Zeit rum zu bekommen oder gar Frust abzulassen. Mein Leben steht auf zwei Beinen, im Gegensatz zu dieser Zeit, kein Bock überhaupt mit Leuten zu reden, beim Fußball war ich wirklich ein Alleingänger, alle haben es gemerkt, wie ich mich verändert hatte, nur ich allein nicht. Ich bin doch beim Training, ich gebe doch immer 100 Prozent, ja das war ich, zumindest im Kopf, körperlich aber war ich schlapp, keine Bewegung, kein Wille, ähnlich wie Mesut Özil, wenn seine Mannschaft verliert, so sah ich aus, nur mit 10 Millionen weniger auf dem Konto.

Eine Fan-Page ohne Zuspruch

Marco Wojciech Krüger, kurz Wojciech bin ich. Mein Künstlername, wie ich es genieße genannt zu werden und ein großartiger Fußballer, den ich den Namen zu verdanken habe.

An dieser Steller erst einmal einen Riesen Dank an meinen Albanischen Freund, welcher eine Fan-Page von sich als Fußballer machte, du brachtest mich auf eine echt grausame Idee, aber dafür kannst du nichts. Du stelltest immer nur Bilder rein, die vielen Leuten gefielen, zu vielen eigentlich und ich? Ich schrieb Roman-lange Artikel über meinen Gesundheitszustand und welche Ziele ich verfolge. Mein dümmster Tweet war doch immer noch der, an dem ich die Leute ermutigen wollte, abzustimmen, welche Position für mich am besten wäre, immerhin stellt ja der Trainer auf. Wenn ich mir alles genau überlege, hatte ich doch erst einen einzigen Beitrag der sinnvoll war, als ich meinem alten Weggefährten Herrn Meißner die letzte Ehre gab. Dafür gab es wenigstens Zuspruch von vielen Seiten. An sich aber war die Seite an wahrer Flop! Mein guter Freund Roy sagte schon damals, ich solle die Seite am besten löschen, da die Leute lachen würden und es niemanden interessieren würde, was ich schreibe, da ich doch sowieso nur ein jämmerlicher Kreiskicker war und kein Profi in der ersten Liga. Damals konnte ich meinen Freund leider nicht verstehen, vorgeworfen er sei einfach nicht so wie ich, tat ich, aber ich muss Ihn recht geben. An einem bestimmten Tag habe ich meine Homepage dann gelöscht. Auf der Straße haben mich die Leute schon dumm angeschaut und gefragt, ob ich dieser Wojciech bin, aussprechen konnten Sie den Namen ja nicht mal richtig. Vor allem, selbst dem Trainer hat es nicht interessiert, wie Fit ich war, obwohl ich es postete. Er sagte schon immer zu mir, ich solle doch bitte die Hände von der Tastatur lassen und leben, leben in der Zivilisation, nicht im Internet. Nie wollte ich es verstehen, bis ich merkte, das Personen über mich reden, über mich lachen und all das, was ich mit Freunden teilte, als eine Art Aufmerksamkeits-Drang belegten. Ja, um ehrlich zu sein, war es das vielleicht ein wenig.

Es hätte ja durchaus sein können, dass sich Leute für den Marco Wojciech Krüger interessieren und nicht nur für den privaten Marco Krüger, welcher sein Fachabitur absolvierte.

Ich meine, ich habe auch Personen angeschrieben, die mir so einen beschissenen Like bei Facebook geben sollten, nur damit die Zahl steigt. Meine Fresse was bringen mir diese Gefällt mir-Angaben, wenn es sowieso keiner liest, keiner versteht oder es keinem interessiert? Von am Ende mehr als 250 „Fans" haben ungefähr sechs, sieben Leute, vielleicht aber auch nur drei Interesse bekundet und darunter waren auch Familienmitglieder, die es auch nur so sahen, da ich Ihnen am Herzen lag. Aus Deutsch muss ich also sagen, es war für die Katz. Keine Person da draußen sprach gut über den Künstler-Marco und seine Seite, nein alle lachten und spotteten darüber, mit Recht! Jetzt sehe ich das vollkommen ein und würde nicht wieder eine Seite erstellen, bringen tut es mir ja nicht. Ein kleiner Profi werde ich ja nicht, sondern nur ein Dorf-kicker hinter drei Häusern. Ich habe aus diesem Fehler gelernt, aber es ist schon bemerkenswert, wann ich die Seite sperrte. Die Seite wurde nämlich zu dem Zeitpunkt gelöscht, als ich mit der Psyche in der Psychiatrie gekämpft habe.

Die Ablehnung von Personen gegenüber meines virtuellen Hobbys hat mich leider wohl doch mehr mitgenommen, als ich es mir gewünscht hätte.

Dieser Moment, an dem man merkt, man ist nicht mehr in der Realität, nur weil du denkst, Personen 250 ca. interessieren sich für dein Hobby genau wie du es tust, dies ist der Zeitpunkt an dem man die Reißleine ziehen sollte und ich zog sie, vielleicht hätte ich die Seite nie Gründen dürfen, aber ich war jung. Immerhin erfuhren die Personen meiner Seite so von einem richtig bekannten und einflussreichen Menschen in meiner Fußball-Laufbahn.

Ja ich meine Sie, Herr Meißner.

Alles will man nochmals durchleben

Wie ich angedeutet habe, bin ich auf Ihn zugegangen, habe mit Ihm gesprochen, seine tiefe Stimme in mir gehört und Fragen stellen können, welche mich geplagt haben. Doch ein Wunsch bleibt mir verborgen, jeder den ich diesen Wunsch Äußern würde,

würde mich für verrückt halten. Wie gern wäre ich mit dieser Person zu Ihm heraufgegangen, hätte an mein Bier genippt und viel gelacht, wie gern wollte ich mit Ihm Fußball spielen gehen oder einfach zocken, alles vergessen was war, Vergangenheit zur Gegenwart werden lassen, ohne einmal das Gefühl, er schnürt Hass gegen mich und würde mich Hinterwegs wieder stehen lassen.. Leider weiß ich selbst, dass dies nie wieder passieren würde Der wahre Grund ist aber doch Frust, Frust Ihn gehen lassen zu haben, Frust alles was war nie so genossen zu haben, wie als wäre es mein letzter Tag. Ich bin auch nur ein Mensch, lebe in der Vergangenheit, denke jeden Tag über mein Leben nach und wünsche mir wieder einer von Ihnen zu sein.Ein guter Freund sagte mal, dass Loyalität alles in einer Freundschaft ist. Bedingungslos würde ich diese geben, ohne selbst welche zu verlangen, aber genau weiß ich, wenn ich jetzt alles durchlebe, was damals war, ohne Hintergedanken, dann hätte ich Menschen nie kennengelernt, Danny, selbst Robin würden irgendwo da draußen leben, ohne das ich Ihnen so wichtig geworden wäre, wie sie es mir sind. Wenn all dies so eingetreten wäre, würde ich mir selbst in den Arsch beißen, einer Person zu vertrauen, welche es egal wäre, wenn jemand sein Leben verliert, wenn ich Ihr nicht wichtig wäre? Marco schon für so ein Gedanken sollte man dich schon wieder einweisen und dich versauern lassen. Lieber steh ich im Leben und weiß, dass wen eine Kugel kommt, würden alle meine Jungs, unsere alter Vierergruppe, unsere alten Suffköpfe, meine Fußballgruppe, sich dem entgegensetzen und lieber sterben, als das Sie mich sterben sehen würden! Und zum Glück habe ich das alles von damals nicht wiederholt, denn vielleicht wäre mir dann auch alles egal, Schule abgebrochen, Gras wäre mein Leben und all diese wunderbaren Menschen, würden nur den Marco kennen, von dem sie nur negative Seiten gehört hatten, egal ob von Ihm selbst ausgesprochen, oder von irgendjemanden da draußen, der gerade so weiß, wie ich geschrieben werde.

Natürlich werde ich es mir noch öfter wünschen das getan zu haben, vielleicht sitze ich auch mal mit Ihm auf ein Bier, reden ein wenig, als ob das Gefühl, wie damals wäre, aber ich werde niemanden hinter mir lassen, aus diesem Grund habe ich um Robin gekämpft, aus diesem Grund kündige ich manchen nie die Freundschaft, wenn er Scheiße baut, oder lasse Vincent gehen, weil seine Freundin Ihm wichtiger ist.was bringt es mir? Alles so durchleben, wie damals egal ob mit Ihm oder mit anderen Personen? Meine Eifersuchtstour wieder durchziehen um für jemanden Nummer 1 zu sein, ohne Grenzen und ohne Angst vor meinen Leben zu haben? Lieber bin ich stolz auf mich und meine Freunde, welche ich behalte, welche neben mir auf meiner Hochzeit stehen sollen, egal ob zu dritt oder viert.. mir die Ringe reichen und sagen ich habe alles richtig gemacht.

UND ja, das habe ich, denn ich habe das Leben nicht wiederholt, obwohl ich die Chance gehabt hätte. Nun habe ich mein Leben und meine Freunde, alle ohne Drogen und mit geregelten Leben mit mir an deren

Seite, wie die drei Musketiere, wie Jim, Oz, Kev und Finch in American Pie, oder wie Peat, der sein Leben in Hooligans ließ, um die Frau seines Bruders zu retten, dass sind wir, alle wie wir da stehen.
Naumburger Jungs, Naumburger Jungs!!!

Wie wäre die Zeit jetzt?

Kaum drei Jahre ist es her, als ich erstens merkte, dass mich eine Krankheit anführt, so was der Gedanke ein Niemand in der Öffentlichkeit zu sein, und damit auch dazustehen. Nach jeder Tat, egal wo man steht, egal mit wem man tobt, mit wen man in Gedanken schwebt, erlebt man genau in diesem Moment, aber was ist morgen? Was ist, wenn dieser Moment vorbei ist, man kann es nicht ändern, Zeitmaschinen wurden noch nicht erfunden und das Leben ist doch wie ein Drehbuch im Himmel, geschrieben von Gott selbst. Genau dieses Thema beschäftigt mich aber schon seit Jahren jeden einzelnen Tag, sogar jede Stunde. Was wäre, wenn ich das nicht gesagt hätte?

Wenn ich von Anfang an mit offenen Karten gespielt hätte oder endlich eingesehen hätte, was ich besser hätte machen können? Wie wäre es nun genau zu diesem Zeitpunkt? Dazu muss ich euch, liebe Leser einiges nahelegen, gerade in der Zeit mit Ihm, meines Gegners, meines Freundes, aber auch meines Judas, welcher er doch sein möge Ich vermisse diese Zeit, ständig gezockt 24/7 einfach nur Mist geredet und scheiße gebaut ohne Ende, man war das ein Leben, denke ich mir. Jeden einzelnen Tag jetzt wiederholen, als wäre es genau in diesem Moment, Arbeit gibt es noch nicht, zu Hause, gibt es nichts, was es dort nicht auch geben würde, Männergespräche, tausend mal besser, als dieses ganze erotische Gefasel, diesen Gedanken könnte ich haben, natürlich gibt es auch an diesen Sachen Sonnen –sowie Schattenseiten, aber im Grunde genommen ist doch besser, so wie es nun ist, denn ich stehe jetzt im Leben, Arbeit in Sicht, irgendwann ein Führer, ein Leiter meiner Firma, so wünsche ich es mir jetzt, obwohl ich weiß, das dieser Gedanke nicht wäre,

wenn alles so ist, wie es war. Ziemlich einseitig würde man jetzt sagen, warum schreibt Marco denn so ein Text, wenn doch nun alles besser ist, als damals, mit dem Gedanken, Erwachsen zu werden, mit Personen die einen lieben, aber leider ist dies nicht wirklich der Fall. Den einen Moment herrscht Top Laune, doch den anderen ist es ein Drama, der Gedanke an die Zeit, welche ich genossen hatte, und wieder genießen werde, zur gegebenen Zeit. Mein Gott Marco jetzt hoffst du wieder, das du alles besser machen kannst, wenn du wieder Zeit mit Ihm verbringst, aber Moment einmal, so ist das doch nicht! Ich bin einfach eine Person, die immer in einer Gedankenwelt zwischen Realität und Traumwelt liegt, der Gedanke was wäre, wenn alles nicht so gekommen wäre, wenn er nie eine Freundin gehabt hätte, ich nie mit seinem Bewohner mitgegangen wäre oder nicht immer in meinen Jugendlichen Ehrgeiz Bilder und Neuigkeiten bei Facebook geteilt hätte und damit genervt hätte, was wäre jetzt? Wären wir beste Freunde?
Hätte er weiter gelästert oder gut hinterher geredet?

Fragen, die ich nicht beantworten kann, aber doch möchte Ich beantworte diese Fragen immer selbst, gerade an solchen Tagen, wenn ich dieses Buch schreibe, antworte ich mir selber im Kopf mit Grausamkeit und Hass meiner Person gegenüber, da ich weiß, wie es ist, wie es gekommen wäre, aber es mir nicht eingestehen möchte, weil ich Hoffnung hätte, diese Zeit zu wiederholen, ohne das es jemals sein kann! Er war kein Freund, niemals, oder doch war er es? Die Person die mich dazu gebracht hatte, unselige Dinge zu bereiten, Taten zu tun, welche ich mit dem heutigen Gedanken niemals tun würde, weil sie eklig und traurig wären? Ich bin ehrlich die Zeit und Momente waren Mega Hammer, besser als alles andere auf Erden, aber sogleich auch abschreckend, wie nichts anderes bei sieben Milliarden Menschen auf dieser Kugel. Ohne Arbeit jetzt, Gras rauchen, mit einem lachenden High Five, Keine Freunde, weil ich über jeden was schlechtes sagen würde, eine bittere Jungfrau, weil der Freundeskreis mich mit dem Thema unter Druck setzen würden?

Ware das das erfüllende Leben, welches ich mir Wünsche, oder hätte er sich mit mir geändert? Ich frage mich immer, was ist wenn der Mitbewohner wieder aktiv in seinen Drogenrausch fällt, warum helfe ich nicht einfach, Kraft dazu habe ich, aber ich weiß nicht wie, denn alles was ich machen könnte wäre falsch, vielleicht hört er ja nicht auf mich und meine Last, welche ich zu tragen hatte. Oder wäre es doch das Leben, wir als Freunde auf jedes Fest, meine Liebenden super eingebunden und mit Ausblick auf einen noch besseren Job, da ich in der Schule immer gute Noten bekommen hätte, da ich die Depression niemals erlitten hätte, ein Traumleben, wie es alle sagen würden? Hätte wenn und aber, es ist nicht so, Hätte hätte Fahrradkette schreiben Menschen auf mich ein, vor Freude und Traurigkeit. Ich kann doch im Endeffekt glücklich sein, wie es ist, habe neue Menschen kennengelernt, welche noch viel besser sind, als der Alte, als der Feind, der mich begleitet, ich weiß auf wen ich zählen sollte und kann, sowie auf welchen ich niemals hätte bauen sollen!

Jeder hat schwere Seiten im Leben, habe ich ja auch schon geschrieben, ABER Fehler gehören dazu und du warst meiner, leider aber doch eine Hilfe, weil jeder Gedanke an die Zeit, welche es parallel zu dieser noch geben könnte, existiert nur in meiner Gegenwart und Fantasie, macht mich nur noch stärker und bringt mich auf die Beine, weil ich somit die Wahl habe in welcher Welt ich Lebe und unterscheiden kann, was besser und schlechter scheint! Zumindest kann ich für mich sagen, dass meine Realität durch nichts zu toppen ist und du, mein Feind, wirst daran nie etwas ändern können, egal wie das Leben nun herrscht, du bist selbst in der Scheinwelt nur noch ein Punkt, welcher ausradiert wird, stell dich auf ein schönes Leben ein, ohne mich, aber auch nicht mehr im Himmel, du falsche Schlange!!!

Heute ist alles fast noch schlimmer

Ich sitze nun hier, mein Buch ist fast fertig und ich gebe den letzten Schliff. Auch nach Jahren meiner Krankheit ist es manchmal nicht einfach, damit umzugehen. Es ist fast sogar noch schlimmer, als zu der Zeit, als ich in der Psychiatrie war. Aber warum ist das so? Das verstehe ich leider doch nur halbwegs.
Sobald ich nicht mehr weiter weiß, egal ob es um Liebe, Beruf, Freundschaften oder Familie geht, dann fange ich an zu verzweifeln. Es muss doch alles geplant sein und es darf nichts schief laufen, Kritik sollte nie Anwendung finden und ich sollte nur mein Leben führen, ohne das andere etwas gut oder schlecht finden dürfen. Hört sich doch nach einen wahrhaften Traum an, den es aber leider nicht gibt. Ich hatte beispielsweise mehrere Tage Urlaub, aber ausruhen und nichts tun wäre zu einfach für mich. Aus diesem Grund habe ich viele Wege erledigt und Termine wahrgenommen, welche ich einfach so, nie hätte unter einen Hut bekommen.

Ich muss dazu auch erwähnen, das der Urlaub vor einem Monat, London nur ein Wochenende für Fußball mir extrem gut tat. Jede Sekunde Aufwand, jede Minute Stress haben sich für diese fast 72 Stunden gelohnt, seitdem bin ich nicht mehr so gestresst, wie davor. Aber ich merke schon das meine Depression noch hier unter uns weilt. Vor allem dann, wenn ich Streit mit meiner Freundin oder Familie habe. Ich fahre zu schnell hoch und zu langsam wieder runter, man könnte denken, ich schlage gleich die Wand ein, so aggressiv bin ich und doch wissen meine Liebenden doch, das ich nichts gegen sie unternehmen würde, was Ihnen Schmerzen bereiten würde, zumindest sollten sie das wissen. Ich verstehe aber, wenn es nicht so ist, so wurde doch oftmals bewiesen, dass ein Schlag vor die Wand oder den Baum nur der Anfang dafür ist, sich an Menschen zu vergehen. Bei mir kam dies noch nicht vor und sollte auch nicht, aber das erklärt zumindest die Reaktionen. Beim Fußball muss viel mit mir gesprochen werden! Gewinnen wir ein Spiel, schaue ich nur geknickt zum

Boden und zum Team, weil ich einfach unzufrieden war mit dem, was ich geleistet habe. Es scheint, als könne ich bei dieser Ansicht sogar in der Nationalmannschaft spielen, aber so ist es ehrlich gesagt doch gar nicht. Ich bin einfach wieder oft am Boden, Therapie kann ich laut Gesetz leider erst im Juni wieder wahrnehmen und bis dahin brauche ich einen Halt oder vielleicht auch zwei, drei, wie auch immer, aber ich brauche es. Auch auf Arbeit bin ich nicht immer glücklich. Ich bin Auszubildender und tue teilweise aber so, als müsse ich schon alles können, wenn ich Fehler mache ist es schrecklich und ich müsse dafür gerade stehen, so sehe ich das, obwohl ich es nicht sehen möchte. In der Tat ist es einfach so, dass ich meinen Tag mit Terminen und Arbeiten klammere, das ich mich wichtig fühle und was erreicht habe, aber doch nehme ich billig in kauf, das ich sehr gestresst bin und wieder jeden Augenblick explodieren könne. Das kann doch nicht Sinn und Zweck sein, immer wieder in die selbe Falle zu tappen und daraus nicht zu lernen.

Ich bin auch nur ein Mensch und probiere mein Leben und die Reihe zu bekommen. Ich mache viele Fehler, wer macht das denn nicht? Oft liege ich noch in meinem Bett und muss nachdenken, was ich heute oder morgen noch tun muss, um endlich nicht mehr gestresst zu sein und einfach die richtige Balance finde zwischen Liebe, Leben und Geborgenheit.

Das ist nicht immer einfach, aber es muss funktionieren, immerhin kann ich nicht ein Leben lang überlegen, was ich tun soll und wie ich den nächsten Schritt überwinde, ohne auf dem Boden liegen zu bleiben. Wir müssen einfach alle an einen Strang ziehen, um das zu überwinden, auch wenn heute alles schwerer ist als es scheint, es wird einen Weg finden, egal wann und wo!

Nie mehr bester Freund

Ein Phänomen, ein Grund sein Leben niemals aufzugeben, eine Person der man hemmungslos vertraut, ohne sein Gesicht zu verlieren oder einsam durch die

Gasen zu gehen, ja das sind doch Freunde, wie sie im Buche stehen. Egal wie alt man ist, egal wie einsam man ist oder verklemmt in seinem Kopf, diese Personen hat man immer, auch wenn man nicht an sie glaubt oder denkt in schweren und einsamen Zeiten. In meiner Zeit, der Depression, aber auch danach, noch immer jetzt benutze ich leider diese Frage, ohne das ich es dürfte „Wer ist mein Bester Freund?" Wem bin ich so wichtig, wie er mir? Wer würde sich melden, wenn ich es nicht tu? Fragen über Fragen welche mir niemand beantworten kann, selbst in der schwersten Zeit seines Lebens. In meinem Karussell drehen sich Gestalten, viel mehr als viele mögen zu denken. Man sagt ja immer 1 Richtiger Freund ist besser als 1000 Falsche, das mag richtig sein, aber ich erkenne so etwas leider kaum. Ist es der Sinn des Lebens, einen besten Freund zu haben, Ihn so zu nennen, aber wenn ich wirklich jemanden brauche, denke ich sofort an jemand anderen, ist es der Sinn des Lebens?

Ich nenne einfach zu schnell jemanden meinen besten Freund, egal ob zu dieser oder der anderen Zeit. Wenn ich so zurückdenke, wurde ich gerade von diesen so derart verarscht, dass ich einfach Angst habe, mein jetziger bester Freund tut es genauso. Mein Widersacher zum Beispiel war mein Freund, mein früherer Freund Tobias, 21 Jahre, hat mich ebenso im Stich gelassen, mein Alter Freund Benedikt, meldete sich leider zu wenig, warum also der beste Freund sein? Oder mein super Freund, welcher sich leider zu wenig meldet, weil seine Freundin für Ihn an erster Stelle steht. Freund, wenn du dies jetzt liest oder deine Freundin, ich finde eure Liebe toll, es ist leider die Wahrheit, welche ich nicht auf deine Freundin schieben mag, da sie nichts dafür kann, aber es belastete mich, mich mehr, als womöglich jeden anderen, aber wir werden alle Älter, verändern uns und müssen leben. Aus diesem Grund hoffe ich das es noch lange zwischen euch hält, bin kein Idiot, wenn du das denkst. Meine Tür steht offen für dich jederzeit, du bist mein Freund und warst da, auch zur bösen Zeit. Wenn ich aber danach gehen müsste, wer bedingungslos da war für mich, ohne auch nur einen Streit, ohne mich stehen zu lassen, dann wäre es mein guter Freund Roy, welchen ich ja schon erwähnt hatte, gleiche Probleme wie ich aufweist und für den ich mein Leben immer lassen würde Ich möchte mit diesem Text einfach drauf hinweisen, dass man Bester Freund niemals sagen kann, da es sich immer erweist, wer für dich da ist oder wer dich niemals fallen lässt, denkt einfach drüber nach. Ein guter Freund heißt nicht nur, dass er da ist für euch oder das ihr was unternehmt, ein Guter Freund ist wie eure Familie, ihr müsst Ihnen alles erzählen, da euch sonst was fehlt, das ist ein Freund! In einem Buch hatte ich mal gelesen, es ist nicht der Sinn einer Freundschaft, dass alle zu dir stehen, sondern auch das du weist, dass du zu jemanden stehst. Also was bringt es mir, wenn ein Danny oder ein Bene immer für mich da sein werden, wenn ich es nicht für sie tun würde? Aus diesem Grund denke ich immer an die anderen.

Wenn es Roy schlecht geht, meine Fresse dann melde dich bei mir, ich kann mich in dich hineinversetzen, Danny wenn du wieder mal deinem Ex-Partner Tränen hinterher fließen lassen möchtest oder musst, dann ruf mich an, dann tu ich dies mit dir, weil ich weiß, wie schwer es ist und es dir geht, ähnlich natürlich auch Bene. Oder gibt es für mich auch nichts größeres, als mit dem Jungen, an den ich gleich denke, wenn es heißt „Bester Freund", über die Vergangenheit zu quatschen, was wir für Mist gebaut haben oder gelacht haben? Ja man, das war Freundschaft, denn sie existiert noch heute. Es hat schon seine Gründe, warum ich, wenn ich schon jetzt an meine spätere Hochzeit, in einer Kirche, am Strand denke, wofür mich auch Leute auslachen, aber sei es drum, das hat auch schon seine Gründe, warum ich 6 Traumzeugen dabei haben möchte, wie ich am Strand stehe mit allen und einfach nur Danke sagen möchte, das ist mein Traum, der auch rotiert. Bis zu meiner Hochzeit wird sich natürlich noch viel ändern, andere Personen, werden in mein Leben treten und vielleicht doch nicht sechs, sondern zwei oder drei meine Trauzeugen sein. Vertrauen sollte man erarbeiten, Vertrauen sollte man geben und Vertrauen sollte man bekommen, dies ist der Hauptgrund einer Freundschaft. In einer Freundschaft sollte man aber weder nur drei Schritte nach vorne machen, sondern auch immer 2 zurück, dies beweist es nichts anders. Ich möchte jetzt aber auch kein Moralapostel sein, wurde ja oft genug von „Freunden" fallen gelassen, aber ich weiß worauf es mir ankommt, Loyalität als oberstes Gebot und auch wenn alle Personen über dieses Buch oder diesen Artikel lachen werden, meine Freunde werden es nicht tun, sie wollen es lieber lesen, merken warum ich so war, warum ich meine Midlifecrisis hatte, mich nicht gemeldet habe, genau dann werden sich wieder mehrere Personen von alleine melden, mein bester Freund verstehen, warum es mich mitnimmt, wenn nur noch seine Freundin für Ihn lebt, denn ich bin Wojciech, stehe auf und kämpfe, eine Freundschaft besteht aus geben und nehmen, das ist Pflicht, welches es mir sagt. Aber eins habe ich schon längst gelernt, ich sage einfach nicht mehr dieses Wort „Bester Freund", da ich viele habe, mehrere welche bedingungslos zu mir stehen, die diese Wortgruppe verdient hätten Bushido hatte doch auch mal ein Track: „Wahre Liebe erfährst du erst in schlechten Zeiten.", danke Bushido, so ist es bei der Freundschaft doch auch. Und egal wer noch in mein Leben tritt, wenn ich mit jemanden zum Fest gegangen bin oder selbst gefeiert habe, kamen immer die selben, Danke dafür, meine Freunde!

Die unersetzbaren 4

Freunde fürs Leben? Personen bei denen man nur dieses eine Gefühl der Begierde hat, mit denen man am liebsten jeden Tag feiern gehen würde und gleichzeitig nie den Gedanken von Hass, Wut, Nervenheit oder ähnlichen spüren würde, das ist doch der Sinn einer harmonischen Freundschaft, der Sinn des Zusammenhalts, wie es einst Paul, Kev, Oz und Jim als bestes Beispiel in typischer Manier in American Pie präsentierten Auch ich hatte diesen Wunsch schon damals. Ende meiner schulischen Laufbahn in meinem Wohnort Naumburg gab es Personen, die mir so wichtig geworden waren, wie nur meine Familie und mein Verein. Nie im Leben hatte ich jemals vermutet, Freunde zu bekommen auf die ich zählen kann, mit denen man sich Abends nur mal scheinheilig zu treffen gewagt hatte um dieses Gefühl eines Bierchens und des Zusammenlebens zu genießen In meinem Beispiel sind wir zum Beispiel 2-3x in der Woche zur Fastfoodkette gegangen, weniger gegessen, als gesessen zu haben. Es war eine Art Stammtisch, welche jeder Menschengruppe über den Wechseljahren bekannt sein dürfte Ich weiß persönlich selbst nicht, warum wir so viel Geld dort gelassen hatten, hätten wir doch sogleich auch auf einer Bank sitzen können, lauter Mädchen begaffen können und Pläne schmieden können, wie wir alle mal in einer einzigen Wohnung zusammenleben und all unsere Probleme an uns vorbeiziehen.

Vielleicht war es auch einfach der Zeitpunkt und Ort wo wir waren, um uns zu dem zu machen, wo wir nun stehen, in einer Beziehung drei von uns, keine einsamen Stunden mehr und mit dem Bein im Job, im Leben von Geldgier und Hass, nur ohne, dass es uns traf. Wir sind immer zu diesem Ort hingegangen, als verbitterte junge Menschen, die nichts anderes konnten, als von ihrer Vergangenheit zu schwärmen, wie man feierte, Lehrer beschimpft oder verspottet hatte, oder gar Geschichten aufgewühlt hatte, die selbst mich, eisernen Kerl zurück aus dem Leben warfen. Vielleicht war genau dies der Grund warum wir so oft da waren und nirgends sonst. Ich hatte eventuell auch nur Angst, dass ihr dort verloren geht, draußen auf der Straße und nicht dort, wo wir nun saßen und redeten, bis in die Morgengrauen des nächsten Tages und noch viel länger Wenn ich heute noch neue Leute kennenlerne, zusammen in einer Gruppe von drei, vier Personen sitze, gab es schon oft Momente, wo ich vor meiner Liebenden in Tränen ausgebrochen bin, ohne auch nur einen Gedanken zu verschwenden, wer gerade diese Gruppe ist, welche neu vor mir steht. Ich weinte, nein ich flennte, weil ich wusste, dass ich solche Freunde nicht wiedersehe, nie wieder kann jemand diese Lücke füllen, die die anderen 3 hinterlassen haben, leider wahr. Nun hocke ich hier, mein bester Freund ist vergeben, mein Gefühl von Sehnsucht ist da, sehr nah sogar, wenn ich ehrlich bin, aber ich gönne es Ihm, warte immer auf eine Nachricht von Ihm und werde enttäuscht, bitter, aber sobald dieser Gedanke kommt, meldet er sich in einer Art, welche ich mögen gelernt hatte, warum ich Ihn besten Freund nannte, und immer wieder dieses tun würde Der zweite im Bunde ist unterwegs, außerhalb der Arbeit mit einer Freundin von Ihn, welcher aus familiäre Herkunft stammt und meldet sich leider nicht. Man sieht sich, aber das Gerüst, von Freundschaft und Geborgenheit, welche all dies stammt, fehlt. Nun könnte ich auch noch zum dritten etwas schreiben, aber das wäre falsch, da ich auch in solchen Momenten den Tränen nah sein werde, aber stark genug bin, all diese Momente in ein Glas zu bewahren, alte Bilder auf meiner Fotowand zu verewigen und an diese Tage zu denken, welche Sie mir schenkten. Wir alle stehen im Leben, anders als gedacht, anders als erhofft, keiner mehr dort, wo er war, Stammkunden bei der Fastfood-Kette sind wir schon lange nicht mehr und wenn ich dann noch an diese Zeit denke, denke ich immer an meinen Lieblingsfilm, American Pie. Vielleicht ist mir diese Freundschaft auch nur so wichtig, da ich das Wort Freundschaft immer mit diesem Film verbinde. Warum sind wir uns auch so ähnlich, einer schüchtern, wie Jim in American Pie, einer die große Kanone und sportlich begabt, wie Oz, einer Unpünklich wie Finch oder einer, welcher sich wie ein Anführer fühlt, wie Kev, welche immer ich als Vorbild in einer Freundschaft sah.. Warum sind wir uns so wichtig? Denke ich an meine spätere Hochzeit nehme ich mir diesen Film, ja nun wieder als Vorbild, warum nur dieses Drama? Ich verfluche in keinster Weise, diesen Film gesehen zu haben, aber was wäre gewesen, wenn es nicht so gewesen wäre? Wäre mir die Freundschaft nicht so wichtig, wie jetzt, da ich sie nicht mit dieser Art Leidenschaft und Ehrlichkeit verbinde oder wäre es genau so? Nun bin ich mit meiner Krankheit fertig geworden, Tränen lasse ich bei diesem Thema leider doch oft, ohne mich zu fragen, ob das alles Sinn macht, was ich mir vornehme, ob es ohne mich besser wäre und wenn ich an diese 3 Männer denke, nicht älter als ich, frage ich mich, ob sie mit dem Stand heute zu meiner Beerdigung erscheinen würden, meine Familie auffangen würden und hoffen würden, dass all das was war, wieder erneut in Betracht kommen würde. Das würde ich gerne wissen. Aber eines habe ich in dieser Zeit nun gelernt, nichts wird mehr so sein, wie es war, nie mehr, leider, aber wir sollten immer in dem Gedanken sein, dass es eine tolle Zeit wird und alle wieder zusammenkommen, spätestens zur Hochzeit und meiner Manier. Fakt ist für mich nur eines, Freunde können gehen, aber man darf sie nicht lassen, ich liebe euch wie Brüder, verbunden mit Geschichten, welche nur ich damals schreiben konnte und nun noch schreibe.

Wir sind nie einsam, der andere steht den anderen immer ein, in guten und in schlechten Zeiten, eine tolle Freundschaft soll diese immer noch sein!!!

Du alte Lügensau!!!

Das Zitat ist geschmückt, das Blatt ist geschrieben, gerade jetzt in dieser Zeit. Dein Namen werde ich nirgends hier erwähnen, aber über dich schreiben werde ich noch viel mehr, als du es dir in deinen schlimmsten Träumen erwarten würdest Im inneren habe ich ja doch noch die Hoffnung das sich etwas ändert, ändern wird in deinem Leben, im Job, Familie oder doch Freunde. Es wird schon seinen Grund haben, warum mein Blutsbruder, mein Gefährte zu jeder seiner Geburtstagsfeier, trotz Kontakt mit dir, nur mich einlädt und dich zurückweist, das sollte schon ein Zeichen sein, mein alter Knabe. Aber jetzt mal weg mit dem ganzen Gedönst in dieser Stund! Mich in diesen Schuppen bringen, wo ich dazu gebracht wurde zu reden, mir helfen zu lassen, auch ohne einen Haufen Hoffnung und Freunde dieser Sache war die eine Sache, aber mich zu schikanieren, außerhalb unserer Umgebung, Lügen zu schnüren von Gedanken, welche du sicher allein im Kopf hattest und nicht ich der sie durchgeführt hatte, das verzeih ich dir nun gar nicht und ist lachhaft und billig. Ich schreibe gerade so offen, weil einer es ja tun muss. Zum Kirschfest ist mir eines wieder klar geworden, dein Texte sind falsch, einfach gelogen. Klar wirst du nicht mehr vieles herumerzählen, aber die alten Storys will ja sowieso keiner mehr hören, da sie ausgelutscht sind und jeder weiß, dass die Zeit vorbei ist, wo ich Lieder über Lehrer und Schüler schmückte, mit Leitern über den Hof rannte oder Mitschüler zur Sau gemacht hatte! Nein selbst jetzt grüßen mich andere, welche mich auch gehänselt hatten, andere senden mir wieder eine Einladung über Facebook und manche lächeln nur, wenn sie mich ansehen, aber mit viel weniger Wucht, als es dein Lachen hätte auslösen können, welche mich in die Klapse brachten!

An diesen einen Tage, ich schrieb es schon, wo ich dich wieder traf, nach Jahren ohne Wort, ohne Vergeltung und Verbeugung, ohne deine Augen zu sehen, welche dein falsches Gesicht waren, flüsterste du mir Wörter in mein Ohr, das alles vergessen ist, man sich akzeptieren wolle und grüßen und reden würde, ohne Verbitterung im Gesicht und Hilfe zu schreien, weil man etwas nicht möchte, und doch tatest du mir unrecht. Zum Deppen habe ich mich gemacht, als ich auf euch zu lief. Kein Augenkontakt, kein Wort hast du mit mir gewechselt, Ignoranz war gar kein Gedanke mehr, einfach Wut und Hass, du Heuchler!! Eines habe ich in den Jahren gelernt, ich weine nicht, ich traue nicht, du bist nicht mein Junge, du bist der Teufel, ein Dämon, ich werde nicht mehr Hallo sagen, lasse dich nur in Ruhe, du hast wieder gelogen! Ob das alles geplant von dir war, mich da nur stehen zu lassen und nichts zu tun, während ich voller Hoffnung dich grüß, weiß ich nicht, aber wenn ich ehrlich bin, dir trau ich es doch weiß Gott zu. Es hat schon seinen Grund, warum Freunde und Fremde mit dir nichts mehr zu tun haben wollen, außer vielleicht ein Paar Drogenabhängige in deiner Bude, denk mal drüber nach, was ich dir sage! Solltest du jeden so dreist belügen, wie du es mit mir immer und immer wieder tust, dann wirst du jämmerlich alleine sein, sterben irgendwann und an bessere Zeiten denken, glaub mir du Heuchler! Du hattest mir immer gesagt, ich war Schuld was ich tat, habe andere schikaniert und weine jetzt selbst Rum, aber du warst schuld.. du hast mich belogen, du hast mich dazu gebracht Sachen zu tun, welche niemand sonst im normalen Zustand tun würde, auch nicht ich, aber du hast mich geblendet mit deiner Art, welche von Dreistigkeit nicht mehr zu übertreffen ist. Erzähl ruhig weiter Rum, dass ich mit meinem nackten Oberkörper mich auf einen Mitschüler setzte, dass ich pervers gegenüber anderen war oder einfach eine Freundschaft zerstören wollte. Los schmücke einfach alles aus, dir werden vielleicht sogar Leute glauben, aber sie werden auch vergessen was du sagst, so wie jeder deiner ehemaligen Freunde, dich irgendwann vergessen hat, nicht mich, du altes Schwein. In guten wie in schlechten Zeiten wird es benannt, du bist kein Teil mehr, du bist ein Lügner, ein Verräter!

Eine Freundschaft die Lebt und Zerreißt

In diesem Artikel widme ich mich nun mal einen guten Freund, den ich länger kenne, als alle anderen meiner Freunde. Kennengelernt haben wir uns durch die Familie, und verloren haben wir uns durch Egoismus von uns beiden Charakteren.
„Eine Freundschaft lebt" mein ich insofern, dass ich diesen Jungen liebe, er ist wirklich ein Top Mensch! Wir haben im Leben vieles erlebt, Party, Zocken oder gar den Fußball. Aber doch ist es diese Freundschaft auch, die mich innerlich bei dem Gedanken zerreißt und ich nicht mehr weiß, ob es eine richtige ist oder nicht. Natürlich muss man sich nicht immer sehen oder schreiben, aber doch finde ich das Ehrlichkeit und der Wille am meisten zählt. Zweifellos möchte ich niemanden hier anprangern, so ein Mensch bin

ich gar nicht, aber man kann leider nicht fünfmal sagen, dass der Kontakt besser wird und wir uns wieder hören, wenn es dann doch nicht mehr so halten wird, wie man es gedacht hätte. Es gab einfach Phasen, da waren wir füreinander da und werden es immer sein. Als meine Mama sich von einem uns Bekannten trennte, warst du da. Als dein Bruder in jungen Jahren verstarb, war ich für dich da, zumindest so weit, wie es ging, sogar ein Gedicht zu seinem Gedenktag habe ich geschrieben. Die Zeit in der Psychiatrie hat mir auch gezeigt, du bist ein Freund, du bist da, wenn man dich braucht. Jeden Tag hast du angerufen und dich erkundigt, fast geweint hast du am Telefon. Solche Momente haben uns doch gezeigt, in welche Richtung es bei uns geht. Es gibt aber leider dieses eine Wort, nämlich Aber! Ein Freund ist nicht nur da in guten und schweren Zeiten, ein Freund ist immer da, mit Kontakt, mit einer lieben Stimme. Die Ungewissheit über unsere Freundschaft macht auch mich nicht gerade glücklich, eher unglücklich und traurig, da ich doch weiß, wie es gehen kann, wenn wir beiden Chaoten unsere Vorhaben einhalten. Ich habe dir immer Vorwürfe gemacht, wieso du dich nicht meldest bei mir, warum wir uns nie treffen und du keine Zeit für mich hast, aber ebenso habe ich mich auch nicht oft bei dir gemeldet, all die Verpflichtungen unserer Freundschaft habe ich auf dich gewälzt und dabei vergessen zu sehen, wer du eigentlich bist. Du bist keine Maschine, die schreiben wird, sobald ich daran denke! Wir beiden haben mich kaputt gespielt und ja, es ist weniger dies, welches mich in die Klapse brachte, aber die Freundschaft muss irgendwie Bestand halten, auch wenn wir Fighten müssen, aber wir tun dies, nicht umsonst ist der eine für den anderen in den schlechten Momenten des Lebens da und hört Ihm zu. Wir sind komisch, aber die „Besten Freunde" zugleich. Ich habe absichtlich keinen Namen hier verwendet, da das Leben es nicht richtig gut mit vielen Menschen meint. Die Freundschaft teilt aber leider meine Persönlichkeit zwischen Wut und Hass oder Liebe und Loyalität zur Freundschaft. Oft wollte ich wegen zu wenig Kontakt oder Beachtung die Freundschaft kündigen, aber wir sind alles Menschen und haben wichtigeres zu tun, als dauerhaft auf diesem dummen Gerät zu tippen, nur weil jemand auf dich wartet. Das war damals, wo wir 10-11 waren nicht so und das wird auch nicht so sein. Ich mache unsere Freundschaft nicht von einer Nachricht abhängig, aber sie sollte nicht nur sein, wenn einer ein Problem hat, da man Probleme schon vorab verhindern könnte, so!

Kapitel 5

Das Leben ist ein Geschenk

Wenn alles im Leben unglücklich ist und du nicht mehr weiter weißt, dein Leben siehst du nicht mehr auf der Erde und du bist allein, dann ist die Depression in einer finalen Phase angekommen. In diesem Artikel werde ich euch ein wenig davon berichten, wieso ich nun finde, dass das Leben doch nicht so schlimm ist, wie es jemanden erscheint in dieser Zeit. Ich wollte es zu dieser Zeit nicht wahr haben, dass ein Leben auch gute Seiten ausweisen kann, aber nun bin ich zu dem Entschluss gekommen, dass das Leben mehr zu bieten hat, als Kummer und Traurigkeit. Ein Leben ist zum leben da und zum genießen in den meisten Stunden deines Lebens. Ich werde hier über Freunde schreiben, über Feststellungen die ich sah und welch Kehrwende ich erlitten hatte um das zu spüren.

Ein Leben darf weder immer nur schön oder schlecht sein, aber ein Leben muss wenigstens das aufweisen, dass man sagen kann, ich lebe hier! Das konnte ich lange Zeit nicht tun, aber tu es heute, genau gerade wieder lächle ich, weil ich sehe, wer mir geholfen hat und wie es mich gestärkt hat, der zu sein, der ich bin. Es ist ähnlich wie mit diesen blöden Bewerbungsgesprächen.. Natürlich hätte ich auch andere Stellen bekommen können, aber nun arbeite ich in meiner Firma und werde geschätzt, als Auszubildender oder Mitarbeiter, wie auch immer, aber man fängt an, es es zu mögen, obwohl es am Anfang nicht mal zur großen Auswahl stand und so ist das Leben bei mir auch gewesen. Ich kannte nur noch die Unterwelt und habe mich aber getraut, einen anderen Weg zu gehen, der zu diesem Moment jetzt führt.Und wenn ich sehe, wie viele mich unterstützen, wie viel Zuspruch ich erhalte, dann merke ich, das das Leben ein Geschenk ist, nicht immer, aber zumindest meistens. Auch wenn natürlich nie alles nach Plan läuft, sollte man doch nicht vergessen, was das Leben alles

zu bieten hat. Außer Freunde, von denen ich mehr als nur ein bisschen berichte, gibt es doch noch meine liebende Familie, allen voran meine Mama, die ich liebe, verbunden mit meinen Geschwistern und allen anderen, die nun zu meiner Familie gehören. Manche von euch, die in dieser Situation sind, haben einen festen Partner, dessen Leben deines in einer bestimmten Weise lenkt und zieht, wie bei mir, dann ist das Leben ein wahres Geschenk. Sobald man das Gefühl hat, man würde für jemanden alles tun und alles geben, dann ist das Gefühl so stark, dass du auch lenken kannst, ob du glücklich oder traurig bist. Das Leben ist ein Geschenk, du bist ein Geschenk, wir sind ein Geschenk, alles was du tust,
ist ein Geschenk.

Ich habe Angst dieses Buch zu schreiben, Aber...

Ich habe diese Überschrift bewusst erst ziemlich spät in diesem Buch gewählt, einfach dem geschuldet, dass ich bis kurz vor Ende dieses Buches in Worte fassen musste, was ich in diesem Artikel für Ängste, aber auch für Hoffnungen habe. Ich habe diesen Artikel aufgrund der Hoffnungen in dieses Kapitel gepackt, trotz das eine große Angst besagt wird. Mit diesem Buch habe ich alles gesagt und geschrieben, was mich in dieser Zeit umgeben hat. Meine Angst, wieder dem Tod näher zu treten ist vielleicht größer denn je, aber man muss einfach damit leben. Dieses Buch nutze ich um anderen zu helfen und mir selbst eine freie Seele zu gewähren. Wenn dieses Buch veröffentlicht ist, habe ich niemanden mehr was zu sagen, ich bin niemanden mehr was schuldig und jeder der dieses Buch ließt, egal ob er Teil in meiner Geschichte war oder nicht, wird sich wieder finden, weil egal ob es um Freundschaft, Liebe, Beruf oder Schule geht, jeder hat Parallelen zu mir gefunden. Natürlich habe ich auch einen Riesen Respekt vor der Veröffentlichung des Buches und die dahingehende Gefahr, die ich gegenüber anderen oder mir selbst ausgesetzt werde. Es werden viele Buchanfragen kommen, zumindest denke ich dies, vielleicht auch zu viele, das ich einfach mir denken werde, ich stemme das alles doch gar nicht mehr, oder es kommen so wenig Angebote, das ich mir denke, wieso hast du das alles überhaupt getan. Aber genau dieser Gedanke sollte nicht kommen, denn ich schreibe dieses Buch für mich, nicht für andere, nur für mich! Ich habe ehrlich gesagt auch ein wenig Angst oder vielleicht eher Respekt vor der Reaktion der Leute! Werden Sie nachdenklich oder schockiert über meine Worte sein, werden die Personen sich wieder erkennen, über welche ich schreibe oder werden Sie aggressiv? Ich weiß doch auch nicht, aber ich habe mich zu diesem Schritt entschlossen und ziehe mein Ding jetzt auch durch. So weit gekommen bin ich schon, die 226 Seite ist es nun schon und es folgen noch mehr, ich weiß was ich geschafft habe und bin enorm stolz auf mich selber. Ja, ich bin manchmal Selbstverliebt würden viele sagen, aber in der Hinsicht ist es einfach schlichtweg falsch, denn ich bin stolz, alles noch einfach aufarbeiten zu können und einen freien Kopf zu haben.

Die Angst, wie andere reagieren könnten, darf nicht im Vordergrund gelangen und daran arbeite ich jeden Tag hart, damit dies nicht passiert. Aus diesem Grund reise ich auch im Februar noch einmal zu meiner zweiten Liebe, dem Fußball nach England. Einfach aus diesem Grund, um noch einmal Mut zu fassen, dieses Buch zu drucken und verkaufen zu können. Doch was wäre ich für ein Mensch, wenn ich nur mein Profit sehe und Angst habe, was andere von mir danach halten? Ich möchte die Menschheit mit diesem Thema aufwecken, damit sie sehen, wie ich gelitten habe und was alles Ausschlaggebend dafür sein kann, das wir alle zusammen damit leben können. Nur das sind die Gründe, warum ich dieses Buch verfasse und nicht an die Folgen von Morgen denke!

Weil das was ich sah mich veränderte

Hoffnungslos gefangen in einem Traum, ein Traum aus dem man am liebsten schnell wieder entrinnen möchte und ihn nicht mehr erleben will. Ich habe euch ja erzählt, was ich durchmachen musste und wie ich kämpfen musste, aber wie der Tag direkt abgelaufen ist, habe ich euch ja noch nicht mitgeteilt, aber werde es jetzt nun tun. Da ich meinem guten Freund Roy nicht mehr gegönnt habe, was sein Glück begehrt und mich danach wieder nur in das beste und einzige Licht spielen wollte, habe ich überlegt mein Leben ein Ende zu setzen. Nicht wegen der Situation, aber halt auch ein Grund, weshalb ich es doch tun sollte. Roy merkte es aber schnell und stellte mir ein Ultimatum. Etwa ich rede mit meiner Familie über mein Kopf und meine Gedanken oder er schreibt es. Im Endeffekt wusste ich doch, dass er es nie gemacht hätte und mich nur retten wollte, aber dafür danke ich Ihn noch heute.

Ich erzählte meiner Familie, insbesondere meiner Schwester und meiner Mutter was ich fühle Fast in Tränen ausgebrochen sind beide, sogar mein Stiefvater, der sonst so eisern wirkt, wie eine Hundeschnauze, aber ich tat es. Schnell wurde uns der ernst der Lage bewusst und ich wusste, dass ich zu meinem Arzt gehen sollte, der mich danach auch direkt ins Krankenhaus zur Psychologin schickte. Dabei ging sogar noch mein Handy kaputt, musste ja Schicksal sein. Nun stand ich da, wartete auf mein Schicksal, auf Hilfe wartete ich und dann sprach ich. Direkt wurde ich verwiesen, in die Psychiatrie zu gehen, zu schlafen und zu leben. Als ich dann dort war, sah ich alles. Personen die Ihr Schicksal schon erlebt haben, die wussten, dass Sie nie wieder diesen Schuppen verlassen würden und schon längst Ihren letzten Atemzug erlagen. Direkt erschüttert haben mich Bilder, als ein Mann in meiner Gruppe in Tränen geschwommen ist und gesagt hatte, er könne nicht mehr alleine vor die Tür, da er Angst habe, er könnte nicht mal einfache Dinge erledigen. Eine andere sagte, Sie denke drüber nach Ihr und Ihrem Kind was anzutun.

Ich verstehe nicht, warum man solche Gedanken haben kann, aber das denken womöglich die meisten über mich doch auch, warum er sich umbringen wollte. Als ein Insasse, so mag ich Ihn mal nennen, dann noch meinen Bruder aus seiner Drogenzeit nannte und sagte er habe mit Ihm noch eine Rechnung offen hat es bei mir doch ausgesetzt. Ich Liebe meine Familie, niemand fasst sie an, ohne das ich mich einsetze. Ich glaube genau dieser Moment war es, an dem mein Leben komplett verändert wurde. Ich kannte Personen, die meiner Familie drohen und mir sollte es egal sein? Im Leben nicht. Und als dann auch noch gesagt wurde, das mein Bruder Schuld an alle dem war, was mich umgeben hatte, sah ich nur noch schwarz in meinem Kopf. Egal wie sehr er uns verletzt hatte, wie oft ich Ihn am liebsten aus dem Haus geprügelt hätte, aber er ist mein Bruder, ich Liebe Ihn und er sah alles ein, er hat sich die Schuld gegeben, er hätte es sich nie verziehen, wenn ich mich vor einen Zug geschmissen hätte, niemand wäre es gewesen aus meiner Familie.

Auch mein Vater kam und hat mir aber gezeigt, wie es ist, Vorwürfe jemanden zu machen, ohne das man es erahnen konnte, wie es meinem Kopf ging. Niemand hätte es merken können, nicht einmal Personen, welche mich jeden Tag umgaben, nicht mal diese. Mein Vater hat mir auch gezeigt, wie toll meine Mutter ist, weil Sie in jeden seiner Worte einstand und wusste was ich fühle, ohne das sie es jemals gesehen hatte. Eine Depression ist keine Modekrankheit, eine Depression ist eine Nervenbelastung der größten Sorte, wo man nicht mehr merkt, was auf der Welt wirklich vorgeht. Und doch, trotz das ich all dies gesehen hatte habe ich gemerkt, dass irgendwas falsch läuft in meinem Leben, meiner Familie und bei vielen anderen und ich es niemals so weit kommen lassen darf, wie manche Personen, welche schon seit Jahren in Therapie sind, aber immer noch dort angekommen sind, wie sie am Anfang die Psychiatrie betraten, ohne Fortschritt und mit einer Menge Kummer im Gesicht.

Ich stehe für alles ein was ich tat und was ich noch tun werde, aber die Personen dort haben mir doch eins gezeigt, Blut ist dicker als Wasser!

Danke für das Leben, danke an dich

Ich habe Ihn doch schon oft erwähnt hier, sein Name ist auch oft aufgetaucht und doch werde ich das Gefühl nicht los, noch viel zu wenig für diesen Augenblick, für diesen Artikel und für diesen Menschen getan zu haben, meinen Lebensretter. Es wäre jetzt fatal zu sagen, dass er der einzige ist, den ich mein Leben zu verdanken habe, meine Familie und andere Freunde standen mir natürlich auch immer bei in der Zeit der Erlösung, aber diese eine Person, die ein Mut einredet, die sagt was sein muss, die mich rettet, weil ich sie brauche die war nur Er. Und doch haben wir nur eines gemerkt, das ich kaputt bin, durch deine ehemalige gute Freundin. Heute würde ich euch diese Liebe gönnen, würde mit euch grillen, mit euch lachen, würde euch umarmen und euch die Zuneigung geben, welche ihr verdient. Leider habe ich dieses zu spät erkannt, und da war ich schon eingewiesen. Ich habe dir dein Glück nicht gegönnt, ich liebe dich Bruder. Und mich können noch tausend Leute als schwul oder arrogant betiteln, solange du weist, wer ich bin. Ich wollte dir nur das wiedergeben, was du für mich tatest, Wer war diese Person die für dich da war, als du in die Klapse solltest? Ich war es! Und aus diesem Grund verstehe ich nicht, warum du immer alles für mich tust, obwohl ich dir was geben sollte, nicht du mir. Habe ich Stress mit einer Person, bist du da. Rutsche ich mit meinen Gedanken immer wieder ab, warst du da. Habe ich ein Problem mit Fußball, ich wusste zu wen ich kommen kann. Und doch ist es kein Zufall Bruder, warum ich mit all meinen Problemen zu dir komme, du verstehst mich, du bist da. Ein Jackpot im Lotto dich kennengelernt zu haben. Diese Worte wollte ich mal direkt an dich richten, bevor ich weiter schreib.

Diesen Freund muss man haben, den man alles sagen kann, den man gerne in den Arm nimmt, ohne das es falsch aufgefasst wird. Und würde mich wieder jemand fragen, wer der Hauptgrund dafür ist zu kämpfen, dann wäre es dieser Freund. Er hat genau so psychische Probleme wie ich und doch gibt er mehr als hundert Prozent um mich zu schützen, mit Worten und mit Taten. Wir sind uns ähnlich, vielleicht ist das das Geheimnis. Gleiche Probleme, fast das selbe Hobby, beide die sich mit ihrem Charakter gewandelt haben. Nehme ich ständig Abstand von Leuten, die im Leben nichts erreicht haben, werde ich zu dir kein Abstand nehmen, weil ein ordentlicher Beruf oder viel Geld sagen nichts aus, was diese Person dir geben kann. Gebe Ihn immer das wieder, was er dir tat, du stehst auf der Linie zum Tode, mit Ihm zusammen. Es hat schon seine Gründe, warum ich jede Person, welche ich zu meinen späteren Trauzeugen anzweifle, aber niemals dich, du wirst es bleiben, neben mir direkt stehen und sagen: „Marco, heute wirst du zum Mann"

Wenn ich jetzt Tod wäre, wüsste ich trotzdem, wer oft zu meinem Grab gehen würde, neben meiner Familie, neben anderen Freunden, nämlich diese Person. Und sollte es jetzt doch mit einer Frau klappen bei dir, dann werde ich zu dir stehen. Das ist Naumburg, das ist Freundschaft, das ist Loyalität, Verbundenheit wie in einem Film, wir als Personen der Handlung.

Der Ultimative Auftritt

Warum sollte so etwas tolles Erwähnung in diesem traurigen Buch finden? Ein Auftritt mit meinem Hobby, der Lyrik in der Schule vor mehr als einhundert Menschen, getarnt mit tollen Freunden, für die ich dieses Gedichte schrieb, eine geile Truppe, welche Lieder sang und Applaus nach ständigen lachen. Warum also so ein Artikel in diesem Buch? Dafür muss ich erst erläutern, wie es dazu gekommen ist und wie ich geworben hatte, möglichst viele bekannte Persönlichkeiten dort zu treffen.

Und auch ER und seine Sippschaft waren vor Ort. Natürlich wusste ich davon, natürlich habe ich den starken Buben gespielt, den es egal ist, aber unter meiner Fassade wissen die meisten, dass ich es nicht bin. Der negative Teil dieses Auftrittes bestand darin, das ich mich quasi blamiert hatte, mich oft verzettelt hatte, gezittert ohne Ende habe und ablesen musste von meinem Zettelchen, wo mein Gedicht draufstand. Ja das hört sich nach der größten Bloßstellung an, die jemals jemand erlebt hatte und doch erinnern sich noch heute Leute positiv an dieses Event, weil es einer der geilsten Auftritte war, den die Schule und Personen jemals sehen durften. Natürlich muss ich auch noch erwähnen, dass dieses Event an meinem Geburtstag war, gerade bin ich achtzehn geworden und noch Sternhagelvoll auf der Bühne. Ausgesehen hatte ich wie ein Mini-Zuhälter, Kette, weißes halboffenes Hemd und Haare gegelt, wie es der schlimmste Mafia-Boss nicht hätte machen können. Aber diese Überschrift würde nicht so heißen, wenn es nicht doch positive Seiten haben würde.

Ich könnte mich an nichts tolles erinnern, wenn es sich nicht gelohnt hätte. Alte Freunde kamen und sangen für mich.. Aus dem Publikum hörte ich nur laut rufen: „Marco, du geile Schlange, keiner kann so oft und so lange." Man war das geil von gefühlt zwanzig Mann von hundert zu hören. Oder Freunde, der eine Koch und der andere Mediengestalter, für die ich dieses Gedicht schrieb, waren alle Vorort, standen auf und haben applaudiert. Vielleicht nicht, weil es so gut war, eher weil die Geste bewegend war. Und egal wie ich mich blamiert hatte und auch dieser Junge über mich gelacht und gelästert hatte, ich fand es einfach nur fantastisch zu sehen, wie Personen zu mir stehen, eine Riesen Fan-Menge hatte ich doch und einmal mehr hatte ich das Gefühl, dass alles um mich herum auf mich zukommen könnte und mich schlagen wollen würde, ich hätte zwanzig Mann die mir einstehen. Ein Gefühl, welches ich so oft im Leben kein zweites Mal erleben durfte. Sagen muss ich aber auch noch, dass die Personen, die sangen, lachten und jubelten gar nicht solche Typen waren, welche für MICH zu diesem Auftritt kommen würden, aber sie taten dies, nur meinetwegen. Es sind nicht meine besten Freunde, aber es sind welche, weil die haben nicht gelästert oder mich blamiert, während es andere taten, nein Sie standen zu Ihrem Marco, danke!

Es war vor meiner Psychiatrie-Zeit, aber es hat mich begleitet, erstes habe ich mich blamiert und wurde unbeabsichtigt schikaniert, ja, aber auf der anderen Seite haben mir endlich einmal Leute gezeigt, wie es ist, der Mittelpunkt zu sein und immer daran zu denken, das Personen jubeln, als würde Deutschland Weltmeister werden. Denken tu ich aber, dass dieser Auftritt in die Historie eingehen wird, das Gedicht war trotz alle dem Nebensache, mehr Ich war der Aspekt, warum diese Leute da draußen erstarrten als ich anfing. Das Gedicht übrigens hieß „All Zeit nur Danke sehr" und handelt um die beste Freundschaft, die es gibt. An diesem Tag hat sich bewiesen, wie sehr Tal und Gebirge in einem Kopf beieinander liegen, wie ich auf Personen zählen kann, wenn ich Sie brauche. Dieses Gedicht hat in seiner Handlung bewiesen, das sich diese Vorstellung schon gelohnt hatte, da es all das gezeigt hat, was auf der Bühne und in dem Gedicht abging. Freunde sind der belebende Kreislauf des Lebens, wo Gefühle immer ohne Hass ausgedrückt werden. Es hat mir aber in der Depression enorm geholfen zu wissen, warum die Leute sangen und applaudierten.

Der Zuspruch war mächtig

In der Zeit meiner Depression habe ich viele Reaktionen bekommen und gefühlt. Ein Teil der Leute hat mich abgestoßen, mich verspottet, als wäre ich ein Häufchen Dreck. Doch dann gab es die Kehrseite der Medaille, den Stolz und die Anerkennung der Menschen. In der besagten Zeit war ich in Jena, habe ja dort mein Fachabitur absolvieren dürfen. Genau dort habe ich das erste mal in ganzen zwölf Jahren Schule kennenlernen dürfen, was Zusammenhalt bedeutet. Keiner wusste, wo ich war, keiner wusste, welche Krankheit ich habe und doch war ich einfach weg, in einer Klinik, weit entfernt von Schulstress und Lernen inmitten von vielen Patienten und Therapeuten. Niemals hätte ich aber vermutet, wie die Leute in meiner Klasse damit umgehen, dass ich in der Psychiatrie gelegen und gegrübelt habe. Ich kam nach wenigen Wochen zurück! Keiner aus meiner Klasse wusste, dass ich wieder komme, ich war einfach da. Nur Lehrer wussten, wo ich war, aber kein einziger Schüler und doch hatten sie mich so begrüßt und angenommen, wie ich es hätte in einem Bilderbuch nicht hätte schreiben können. Einige meiner Gefährten kannten sogar die Krankheit und den Weg den man gehen muss. Natürlich gab es auch negative Stimmen, welche ich in der Klasse aber nicht kennenlernen durfte, sondern eher außerhalb dieser Räume sehen konnte, nein, es war rundum positiv in dieser Klasse. Ich muss dazu aber auch erwähnen, dass ich am Anfang nicht groß betont hatte, wo ich war.

Bei Fragen war die typische Antwort nur:
„In ärztlicher Behandlung!" Ob zu diesem Zeitpunkt schon jemand geahnt hatte, das damit die Psychiatrie gemeint ist, kann ich heute nicht beurteilen, aber nachdem ich mit Ehrlichkeit den Weg geebnet habe, war der Zuspruch doch sehr groß. Die einen haben mit mir über vergangenes gequatscht, andere haben mit mir über Erfahrungen gesprochen und gar andere wollten erst einmal erfahren, wie es ist, in dieser Phase zu stecken. Aber nicht nur in der Schule war ich angesehen.. Im Verein standen die Leute, die davon wussten an meiner Seite und haben mich immer aus der Schusslinie gebracht, wenn Gefahr bestünde. Neulich erst hat ein guter Fußball-Freund mit seinem Besten verbündeten darüber geredet, wie viel Kraft und Kampfgeist ich bewiesen hatte, mir Hilfe zu suchen. Das Menschen so etwas gerade über mich denken, macht mich schon sehr stolz. Außerhalb der Schule und des Sports habe ich auch neue Leute kennengelernt, welche damit umzugehen gelernt hatten.

Mein „Lebensretter" macht noch heute Public für mich und meine Krankheit. Gerade ist er dabei, ein Rap über meine Krankheit zu schreiben, mein Name soll auch vorkommen. Und wenn andere Ihn ansprechen, ob er mich kennt, den nervigen Marco, dann trotzt er nur so vor sich hin und beschreibt, wer ich wirklich bin, eine loyale kämpfende Kreatur, geschmiedet von Gott im Leben. Schon allein der Gedanke, dass auch viele meiner Freunde geblieben sind, dazu standen und sich nicht versteckt haben oder geschämt hätten, zeigt doch, das die Krankheit den Ernst des Lebens angenommen hat. Freunde gehören dazu und der Zuspruch, dass ich mir Hilfe gesucht hatte, war einfach mächtig. Nicht umsonst melden sich nach Jahren noch Leute bei mir und fragen, wie es mir geht. Meine Beste Freundin zum Beispiel gesagt, hatte mit mir wieder sehr wenig Kontakt, und doch ließt sie immer wieder meiner Artikel und fragt mich, ob alles okay bei mir ist und wie stolz sie ist, den Autor und den Jungen Marco zu kennen.

Danke an alle die mir aus der Zeit geholfen haben und mich unterstützen. Auch meine Familie ging super mit der Sache um. Mein Bruder, welcher von Schuld nicht freizusprechen ist, war auf einmal da, meine Schwester, zu der ich schon immer ein besseres Verhältnis hatte, war gekommen um mir zu helfen (zum Arzt ist auch sie mit mir zusammen). Meine Mutter, welche sich wohl die meisten Schuldgefühle machte, stand auch mir zu Seite. Nur eine Person aus meiner familiären Gegenwart spiegelte genau das Gegenteil, aber dazu äußere ich mich nicht, da ich es sowieso nicht ändern kann. Wenn wir mal bei dem Thema Zuspruch sind, muss ich natürlich auch dieses Vorhaben, mein Buch benennen, wo mich wirklich fremde Menschen, welche ich nicht kenne, oder auch gute Freunde und Familie unterstützen und hoffen es bald lesen zu dürfen, obwohl sie innerlich doch mit der Angst leben werden, dass über sie auch etwas negatives stehen kann. Trotzdem ist der Zuspruch da und dafür bin ich stolz. Stolz Freunde zu haben, Stolz Familie zu haben, Stolz eine tolle Freundin zu haben und Stolz auf mich selber bin ich auch noch, da ich damit alles verarbeite und kämpfe, damit umzugehen. Das Leben ist zu kurz, um alles negative nur zu sehen, man muss genau auch die positiven Fassetten sehen, welche sich in meinem Leben Zuspruch und Anerkennung nennen. Dies genieße ich und dafür lebe ich!

Ein Arschloch ist mein Held

Es geht hierbei nicht um die Person, über diese ich Artikel vorher schrieb, welche mich gerettet hat. Nein es geht um die Person, welche nun meine Homepage schmückt und mein Buch ebenso bearbeitet, wie ich es als Autor tu. Diese Person hat nämlich genau so Anteil daran, wie andere Menschen auch. Sein Name ist Vincent. Jetzt wird nicht nur positives stehen, sondern auch negatives, aber das alles erklärt sich in der Hinsicht von selbst, da Vincent einer meiner besten Freunde ist, die ich jemals hatte. Ich lernte Ihn während der Schule kennen, eigentlich schon damals,

fünfte Klasse als er eine Freundin hatte und ich sie auch süß fand, da begann mit unserer Geschichte alles. Es ging alles weiter mit dem Freizeit-Fußball. Unser Kontakt wurde eigentlich von mal zu mal, zu mal stärker und auch in der Schule waren wir gute Freunde geworden. Er war einer der vier Freunde, über die ich so liebevoll berichtete. Leider war er aber in der Zeit, wo ich in der Psychiatrie lag nicht anwesend, ich meine ich kann es Ihm nicht verübeln, er war arbeiten und konnte berufsbedingt leider nicht zu mir kommen. Doch weiß ich, er hätte es sonst getan.
Es ist wahr, er hatte auch seine Phase, wo Ihm alles egal war, ähnlich wie Robin, wie Roy oder wie ich, genau so. Schlimm ist aber, das Vincent zu dieser Zeit auch vergaß, wer sein Bester Freund ist. An meine Ex-Freundin zur damaligen Zeit hatte er sich ran gemacht, aber mein Gott, wer jetzt denkt, er hätte es verdient, das ich sauer auf Ihn bin, der täuscht sich. Er ist mein Bester Freund, er hat sich entschuldigt und hat mir ein seltenes Trikot, was ich meiner Ex geschenkt habe, zurückgeholt. Eine Geste,

womit er mich wieder zu sich gezogen hatte. Und doch war er die erste Person, die mich seinen Besten Freund nannte. Ich muss dazu erwähnen, das es schon immer mein Wunsch war, für jemanden der Beste Freund zu sein, wenn er es auch für mich ist und so war es. Er war und ist mein Bester Freund, nicht allein, aber auch mit, das ist das was zählt. Und nun hilft er mir immer und überall. Mit seinen Problemen kommt er zu mir, weiß wer ich bin. Ich kann auch immer zu Ihm kommen und das macht eine Freundschaft aus und egal ob er in der schlimmen Zeit nicht für mich da war oder später dachte, er müsse einen auf Arschloch machen, so ist er ein wahrer Freund, er hat Größe bewiesen und hat seinen Stolz überwunden, in dem er zurück kam, ohne das ich Ihn anbetteln musste. Es gibt im Leben nicht viele Menschen, den man irgendwas mit der Ex-Freundin verzeiht, aber er ist einer von den wenigen, denn ich liebe Ihn wie als wäre er mein Bruder, eigentlich im Kopf ist er es schon! Ich habe Ihn verziehen und bis heute wurde ich nicht noch einmal enttäuscht, nein, er ist die Person, die mein Vorhaben unterstützt wo er kann, dieses Projekt gehört nicht nur mir, auch Ihm und egal wo auch privat Probleme stecken, er ist mein Held, weil er trotz schlechter Moment auch die wahre Güte besaß, mich niemals im Stick zu lassen!

Danke ist eine Untertreibung

Es ist wie bestätigt, wieder einmal dieses leidige Thema. Wann sage ich danke? Wann will es mein Partner hören? Nerv ich damit oder ist es doch der Anstand? Täglich gelangen wir in unzählige Situationen, wo dieses kleine, aber bedeutende Wort, Anwendung findet. Doch was macht es aus, dieses Wort zu sagen? Was geht in einem vor, wenn er dieses Gefühl verspürt? All dies werde ich euch aus der Sicht eines Patienten, dessen Leben in Gefahr war, erzählen. Ich habe eine andere Meinung als viele anderen und womöglich auch als die meisten Leser hier. Das Wort „Danke" ist für mich eine Untertreibung. Die Leute egal ob Groß oder Klein, egal ob im Business-Leben oder auf der Müllhalde wollen täglich, nein fast stündlich dieses kleine Wörtchen hören, obwohl sie es nie zugeben würden. Was macht dieses Wort so besonders? Ich meine, ich benutze es oft, manche würden sagen zu oft, aber ist es nicht angebracht, wenn man etwas geschenkt bekommt, jemand im Regen zu dir kommt und dich im Arm nimmt, dich in der Psychiatrie besuchen kommt oder gar dein Leben rettet? Egal ob man dieses Wort sagt oder nicht, man wird immer wieder hören, dieses Wort sei nicht nötig gewesen. Natürlich wäre es das, machen wir uns mal nicht selber klein. Lieber sage ich einmal zu viel Danke, als einmal zu wenig, die Leute, denen man es ins Gesicht sagt, sollten ja vollends befriedigt von Ihrem Eigengefühl sein. Wie angedeutet benutze ich es auch oft, einfach um vielleicht Leuten das wieder zu geben, was sie mir ermöglichen. Ich danke Leuten, dass sie mir im Betrieb helfen, ich danke Freunden, wenn sie zu mir stehen, ich danke meinem Herzensbruder, das er mich gerettet hat,

und alles was zurückkommt ist, dass man sich nicht bedanken muss, sondern das es Selbstverständlich ist? Ich meine nicht jeder tut etwas derartiges. Mal angenommen, ich laufe durch die Stadt und hole jemanden eine kleine Kugel Eis, anstelle die Person gleich Danke sagt, fragt Sie lieber freundlich nach.
Für meine Begriffe kann das Wort nicht oft genug genannt werden, obwohl ich es auch nicht gerne höre, wenn ich jemanden helfe, da ich es als selbstverständlich ansehe, aber ist es denn selbstverständlich, für jemanden da zu sein, wo man eigentlich nicht weiß, ob er es dir zurückzahlen wird oder morgen doch eine andere Person ist? Nein Leute, Oh nein, da hör ich lieber ein Danke oder spreche es aus um zu zeigen, was ich in diesem Moment für diese eine Person getan habe, egal wie Sie morgen oder übermorgen ist, ich weiß was ich oder die Person für mich getan hat. Und solange ich dieser Meinung bin, werde ich immer noch auf jeder Feier von mir besondere Leute ansprechen und Ihnen danken, was sie für mich taten.

War es nicht eine Frau Minder, die sagte:
„Echte Dankbarkeit entsteht aus einem inneren Bedürfnis und dem Schätzen über das, was jemand selbstlos verschenkt hat." Danke ist nämlich ein inneres Gefühl, welches jeder Mensch genießt und gut pflegen möchte. Einer Person „Danke" zu sagen ist wie ein Geschenk, welches man mit seines getauscht hat, in Form einer Wiedergabe. Für die Grammatiker unter euch, es soll heißen, dass man jemanden ein Danke schenkt und er euch die Aufmerksamkeit schenkt, welche Ihr braucht. Sowohl Danke, als auch die Tat werden benötigt, um eine Art Bindung zwischen beiden aufzubauen, dies ist meine Meinung.
Also Ihr da draußen, es ist euch überlassen, Wen und Wann ihr danke sagen wollt, denkt aber immer dran, Ihr wollt es am liebsten auch hören und euer Gegenüber fühlt sich sicherer mit diesem Wort und wird es nie mehr vergessen, egal Wann und Wo er von uns geht. Sagt lieber einmal zu viel „Danke", als zu spät, denn so böse es auch klingen mag, manche hatten nicht mehr die Gelegenheit

Danke zu einer liebenden Person zu sagen und haben es ein Leben lang bereut, ohne jegliches Glücksgefühl im Herzen danach zu tragen.

Mein Verein, Meine Familie

Jeder Sportler kennt es doch. Man hat seinem Verein, dem man angehört doch so viel zu verdanken, dass man am liebsten nie mehr woanders spielen wollen würde oder sein Sport dort treiben könnte. Der Zeitpunkt ab dem ich einmal mehr wusste, dass es auch meine Familie ist, der Verein, war der Tag X in meiner Psychose. Ich beschrieb ja schon oft, wie viele dieser Leute mich besucht hatten, wo ich niemals dachte, dass sie es tun würden und die Personen, die ich dachte, welche kommen, die kamen aber nicht. Mein Coach, jahrelang schon mein Freund hat nicht mal mit der Wimper gezuckt, um zu warten, dass ich wieder herauskam, nein er kam sofort, keine Zeit verschwendet, einfach zu mir gelangen, mich sehen, mich trösten und mir Halt geben.

Aus diesem Grund habe ich Ihn so viel zu verdanken im Leben. Oder die Person, welche Burnout hatte, hätte sterben können, wo ich das erste mal erfahren durfte, wie gut es tut für jemanden ein zu stehen und da zu sein, wenn man mich braucht. Selbst ein Video mit Bildern von mir habe ich für Ihn gemacht, Hohn und Spott musste ich ertragen, aber ich habe es gerne getan und den Dank auch in meiner Therapie erhalten. Er kam nämlich ebenso wie der erste, er war auch da und gab Halt, so wie ich es mit Ihm tat. Er wusste, welchen Knopf er drücken musste, um mich wieder auf Vordermann zu bringen, er tat es, mein Verein! Oder doch besser, hatte ich ein Fußball-Spiel Tage später und ich wurde sogar vom Besten Freund meines Trainers abgeholt, komplett fassungslos, warum ich da sitze und nichts mehr mit meinem Leben anzufangen, aber doch so gefasst, um jedes Wort meiner Seele zu verstehen und zu realisieren. Ein Verein besteht nicht immer nur aus hunderten von Mitgliedern. Manchmal reicht es schon zu sehen, wie einzelne Personen einen retten, im Leben einzustehen und dich auffangen, als Verein gemeinsam. Und genau deshalb hat der vierte im Bunde mich immer wieder zur Therapie begleitet und immer gefragt, Wie es mir geht! Die Frage schon allein ist mir viel zu wichtig, um sie einfach im Raum stehen zu lassen. Aus diesem Grund liebe ich diesen Verein mit allem drum und dran und weiß jetzt gerade nicht einmal, wie ich mit einen dieser reden sollte, dass ich den Verein wechseln würde, wenn es der Fall wäre? Wie würde ich denn das rechtfertigen? Viel zu Viel Angst hätte ich dann vor der Reaktion des einzelnen. Ich habe einfach gemerkt, dass der Verein viele einzelne Menschen hat, auf die ich immer zählen kann und egal, ob ich den Verein wechsle, im Leben nicht mehr weiter weiß oder aufhöre, etwas in meinem Leben anzufangen, die Personen sind immer da, egal Wann und egal Wo, egal ob Nacht oder Tag. Bestes Beispiel dafür war doch, als ich meine ersten Erfahrungen mit Frauen erleben durfte und Angst hatte, Sie könnte ja schwanger werden.

Ein Anruf getätigt, Viertelstunde später waren Sie da und halfen, berieten, waren einfach da und nahmen mir die Angst. Genauso war es in der Psychiatrie, Sie waren nicht nur da und gaben mir Halt, nein Sie waren so wichtig wie meine Familie in diesem Reifeprozess, Sie nahmen mir die Angst vor dem Sterben, weil Sie mir das Gefühl vermittelten, dass wenn ich mir das Leben nehmen würde, würde ich auch ein Teil von Ihnen auslöschen, den Teil, für eine Person einzustehen, die nicht nur im selben Verein spielt, wie man selber, sondern auch ein Freund ist, sogar Familie könnte es schon sein. Bis heute habe ich über diese Personen, all diese, die mir beistanden kein schlechtes Wort verloren, warum sollte ich das denn auch über meine Familie machen? Das wäre ja komplett irrsinnig. Das einzige, was daran ein wenig kompliziert war ist doch die Tatsache, dass keiner dieser Personen in meinem Alter ist, alle Älter, mal mehr mal weniger, aber immer noch so viel Vertrauen zu mir hatten, dass Sie wussten, ich würde mich niemals umbringen, solange Sie meine zweite Familie sind und ja das sind Sie, egal ob ich mal in einem anderen Verein spiele oder bei Ihnen bleibe, Freunde sind nicht nur ein Verein, Sie sind eine Familie, welche durch den Verein geschmückt wird.

Ein neues Leben – eine Neue Hoffnung

Ein Leben, Zwei Leben, Tausend Leben, die Zahl der Leben im menschlichen Körper sind kaum in Worte oder Zahlen zu fassen, aber doch liefern sie uns einen riesigen Einblick in die Seele eines Menschen, wenn diese eine neue Gestalt auf unserer blauen Kugel finden. Auch mich hat es enorm bewegt, wie ein neuer Mensch den Weg auf die Erde fand und wie es meinen Kopf und mein Empfinden gefühlt mehr als 180 Grad wendete und all den bösen Kummer hinaus geblasen hatte und mich wieder zu der frohen Gestalt machte, welche ich schon lange nicht mehr war. Die Rede ist von meinem kleinen Neffen, Herzblut und Stolz meiner Schwester, ein wahrer Krieger, der in die Familie Krüger aufgenommen wurde. Es ist mein kleiner Krieger, abschauen soll er sich das, was ich bin und wie ich für all das, was es im Leben gibt, kämpfe, das soll er merken! Ich liebe Ihn wirklich unheimlich, mehr als alles andere. Okay, ich zeige es Ihm nicht immer, aber er mir immerhin auch nicht, aber ich liebe Ihn einfach! Das Gefühl, Ihn auf meinem Arm zu halten und in seine kleinen Augen zu starren, spiegelt doch das wunderbare Gefühl von Leben dar. Ich weiß nicht, es ist komisch, beschreiben kann ich es eigentlich auch nicht, aber wenn man bedenkt, zu wem er gehört und auf wen er irgendwann einmal blicken wird, dann macht das alles das Leben wieder ein bisschen einfacher. In meiner schwierigen Zeit habe ich an solch ein tollen Moment nicht gedacht, er war immerhin schon auf Erden und trotzdem war ich allein und wollte aus dem Leben treten. Ehrlich gesagt hätte ich auch nicht großartig nachgedacht, dass mein Neffe in Zukunft einmal nach mir fragen würde und meine Abstinenz

Ihn brechen könnte, aber wenn ich recht nachdenke, dann wird mir doch bewusst, das so alles richtig gelaufen ist. Auch durch Ihm! Nachdem ich alles durchstanden habe, den ersten Sturm, denke ich doch an diesen tollen Menschen, an mein Blut, was er in sich trägt. Er soll nicht aufwachsen und fragen, wo sein Onkel Marco ist und keiner kann antworten, weil es Ihn kaputt machen würde oder er gar die Antwort nicht verstehen würde. Finn-Luca hat all das Leben nicht verdient, wenn ich nicht auch da wäre und Ihm all das zeigen kann, was unsere Erde zu bieten hat. (Arsenal durfte er ja immerhin auch schon kennenlernen) Ein Blick in diese Augen haben gereicht, um zu merken in welche Richtung der Tunnel verläuft. Sollte ich das Risiko ein zweites Mal eingehen und vor den Gleisen beten oder soll ich meinem Neffen durch das Leben führen, anlächeln und seine ersten Erfahrungen durchleben? Ich glaube genau in solchen Momenten ist so eine Antwort nie einfacher gewesen, ich werde Leben auch für diesen kleinen Racker, Nervensäge oder wie man es doch nennen mag. Du gehörst zu meiner Schwester und deswegen auch zu mir, ohne das es jemals einer ändern kann! Und sollten wir irgendwann im Streit auseinander fallen, dann wirst du auch dieses Buch lesen und merken, zu wem du gehörst, zu der Krüger-Familie! Du trägst mein Blut in dir, ein Leben lang, das kannst du dir merken!

Mein Halt war dieser Club

Ich habe ja schon einmal in Artikeln vorher berichtet, wie ich gemerkt hatte, das der Naumburger BC 1920 ein großer Teil meiner Familie wurde. Das stimmt auch! Aber es gibt in meinem Leben ein Fußball-Club, dem ich noch mehr zu verdanken habe, das ich noch lebe, den Arsenal Football Club. Und egal, ob die Verantwortlichen dieses Vereins dieses Buch und allen voran diesen Artikel nicht lesen werden, so muss ich diesen Verein hier erwähnen. Früh in meinem Leben hätte ich niemals für möglich gehalten, das ich etwas fast so sehr lieben werde,

wie meine Freundin oder meine Familie, erst recht kein Fußball-Verein. Doch dieser Verein hat es tatsächlich geschafft, mich zu verführen, mich zu lieben und mir das zu geben, was ich brauche Kraft.
Es ist wirklich so:
An diesenn Tagen, wenn es mir schlecht geht und mich niemand aufmuntern kann, keine Freundin und meine Familie ebenfalls nicht, dann ist aber dieser Verein noch da und muntert mich immer wieder mit seiner Spielweise auf. Egal vor wem oder was, ich stehe zu diesem Verein in guten wie in schlechten Zeiten. Auch der Arsenal FC hat mich gerettet, ohne das dieser es überhaupt weiß. Arsenal Till I die! Kein einziger Mensch auf diesem Planeten wird es womöglich verstehen, was ein Team mit mir gemacht hat, ohne das er wirklich was dafür kann. Wenn ich diesen Verein sehe juble ich, weine ich und bete ich, weil er mit an erster Stelle steht in meinem Leben, egal ob die Leute es wahrhaben wollen oder nicht. Ich wünsche mir jeden einzelnen Tag, mit 60.000 Fans in der Kurve zu stehen und

Come on, Arsenal zu rufen. Er bringt mich runter, auch wenn ich manchmal ausrasten kann, wenn sie wirklich schlecht spielen, aber ich unterstütze immer diese Spieler, diesen Trainer, diese Fans, weil Sie es ebenso für mich machen würden, wenn sie wüssten, das eine Depression in meinem Leben vorgedrungen ist. Immerhin sind wir doch besser als die falschen aus dem Norden und jeder der Fan einer Mannschaft ist, wird verstehen, wie es ist, hinter jemanden zu stehen, egal wie gut oder schlecht das Team ist, Hauptsache man spürt das Gefühl von Geborgenheit und Entschlossenheit, Zusammenhalt in der Gruppe, in einer Gemeinschaft. Aus diesem Grund, weil der Verein mich gerettet hat, muss ich einen Artikel über diese Liebe verfassen und veröffentlichen. Dieser ist nicht nur der geilste Verein, nein er kommt auch noch aus der schönsten Stadt der Welt, London, welche ich vermisse, aber bald sehen werde. Danke an alle Fans, die diesen Verein teilen und danke an alle Spieler und Trainer, die dem Verein zu dieser Liebe gemacht haben, welche ich jetzt verspüre. Gunners!

Und später war ich wieder im Stadion! Mit 60.000 Fans, davon rund 60 anderen Deutschen durfte ich jubeln und auch kritisieren. Und doch hat mich das kurze Wochenende wieder auf Vordermann gebracht. Weniger gestresst bin ich und das habe ich diesem Verein zu verdanken, denn sie sind der Grund, warum ich mehr als 50 Gleichgesinnte treffen durfte und ein lautes Cheers rufen durfte. Aus diesem Grund rettet mich dieser Verein noch heute, genau jetzt, genau hier, zu jeder Tageszeit stehe ich für diesen Verein ein. Er ist mein Ebenbild von Geborgenheit und Liebe, mehr als hätten es tausend Liebesromane beschreiben können. Denn dort kann ich, ich sein, ohne mich zu verstellen, der kleine Fußball-Fan der Liebt und manchmal auch seine Mannschaft hasst, aber so ist Fußball, auch bei mir, mein Club!

Mein Buch hat somit also sein Ende gefunden. Mehr als ein Jahre und 5 Monate habe ich verwendet, um dieses Projekt fertig zu stellen. Es erfüllt mich wirklich mit Stolz, dass ich es durchgezogen habe und Sie, Liebe Leser, in meine Geschichte einführen durfte. Ein Dankeschön noch einmal an meinen guten Freund Vincent, das er sich so professionell um die Cover -und Textgestaltung gekümmert hat. Auch ein Danke an alle Personen, welche ich in diesem Buch namentlich erwähnen durfte, es macht dieses Buch doch ein Stück weit natürlicher und realer, da man sich noch besser in diese Situationen hineinversetzen kann. Sehr viel Kraft musste ich investieren, ewiges Kopfzerbrechen und Tränen habe ich gelassen, nachdem ich einzelne Artikel fertig gestellt habe, aber es hat sich gelohnt, jede einzelne Seite, jedes einzelne Wort wurde bewusst gewählt und auch die Sprache musste ich so hart formulieren, wie diese Zeit auch war. Durch diese Zeit habe ich so viel gelernt, wie es mir niemand hätte beibringen können, kein Lehrer, kein Arzt, kein Autor, niemand kann sich vorstellen, was es heißt, sein Leben aufs Spiel zu setzen. Ich werde meinen Weg weiter gehen, geplant sind Projektarbeiten zum Thema Mobbing, vielleicht wird es auch noch eine Fortsetzung geben. Ich habe festgestellt, das ich einfach ich bleiben muss, ich bin kein anderer Mensch, nur weil ich krank war und bin. Auch heute ist es noch schwer für mich, einen Anlaufpunkt im Leben zu finden, wenn mein Kopf durchdreht.

ABER ich bemühe mich Tag für Tag. Ich habe es geschafft, ich bin ein Mensch aus Fleisch und Blut und bin geheilt. Eine Depression ist zwar noch vorhanden, doch ich habe gemerkt, wie ich damit umgehen muss, um zu Leben. Dabei geben mir meine Familie, meine Freundin Jennifer, sowie gute Freunde einen großen Halt. Ohne diese Personen wäre es auf jeden Fall nicht so einfach für mich, Anschluss in vielen Bereichen des Lebens zu finden.

MARCO KRÜGER, 19.03.2017